KB271711

불보살의 전설과 영험

자비하신 부처님의 영험과 전설

전원문화사

부처님의 거룩함이나 크신 능력은 하늘보다 더 높고 바다보다 더 깊어 감히 말로 다 할 수 없고 글로 다 기록 할 수가 없다.

부처님에게 귀의하여 평생을 살아오면서, 가까이 지내던 사람들에게 직접 들은 부처님의 영험담과 전설을 여기 정리하여 초발심하는 사람들 마음에 신앙심을 더 확고히 하는 데 도움을 주고자 한다.

부처님 능력과 영험은 이 책에 소개된 부처님에게만 있는 것이 아니고, 모든 부처님이 다 신통력을 갖고 있다. 다만 우리의 정성과 기도가 부족하여 그런 영험을 만나지 못할 따름이다.

여기 소개되는 20건의 영험과 유사한 일들은 열심히 기도하는 수많은 신자들이 많이 경험하는 일반적인 일이라고 생각한다.

신앙은 실험이나 이치를 따져서 생기는 것이 아니고 마음의 믿음으로 이루어지는 것이다. 믿음으로서 보이지 않는 것의 실상(實相)을 마음에 받아 관조(觀照)할 수가 있는 것이다.

태양은 너무 밝아 쳐다볼 수가 없다. 산은 너무 무거워 들 수가 없다. 바다의 물은 너무 많아 다 퍼낼 수가 없다. 그러나 우리의 마음은 그 태양도 바로 쳐다볼 수가 있고, 산도 들 수가 있고, 바닷물도 다 퍼버릴 수가 있다.

내 마음이 열리면 세상 어느 절의, 어느 부처님을 만나도 그 신통력과 영험을 경험할 수가 있다.

그리고 이 책에 나오는 실제의 인물들은 모두 자기의 이름을 밝히는 것을 사양하므로, 이름을 밝히지 못하였음을 양지하시기 바라는 바이다.

삽화 사진은 대부분 내가 찍은 것이지만, 미치지 못한 부분의 촬영을 둘째 자부 김봉주(金奉柱)가 도와주어서 많은 사진을 실을 수가 있었다.

이 한 책이 부처님을 마음에 받아드리는 데 큰 도움이 되기를 기대하면서 머리말로 대신한다.

서기 2008년 8월 28일
마고동천 청남(青南) 권영한(權寧漢)

Contents_ 차 . 례 .

제 . 1 . 장

부처님의 영험

Contents_ 차 . 례 .

제 . 2 . 장

불보살의 전설

부처님의 영험

01 이여송이 목을 친
제비원 미륵불

보　물_ 제115호
소재지_ 경북 안동시 이천동

제비원 미륵불

　　약 15m 가까운 커다란 암석에 새겨진 이 제비원의 돌부처님을 찾아 먼 곳에서 찾아오는 수많은 사람들의 발길이 연중 끊이지 않는다.

　1,300여 년의 긴 세월을 그 자리에 말없이 서서 미소 지으시고 또한 다가올 억겁의 세월에도 그대로 서 계실 이 부처님은 수많은 전설과 신비를 간직한 채 한량없는 공덕을 베풀면서 오늘도 말없이 서 계신다. 성주풀이 굿의 본향인 이 곳 제비원 미륵불에게는 너무나 많은 전설이 있지만 이여송과 얽힌 이야기를 소개한다.

많은 전설을 지니고도 말없는 미륵불

1) 미륵불의 목을 벤 이여송(李如松)

제비원 미륵불의 머리 부분은 지금으로부터 약 350여년 전에 조선 시대에 다시 올려놓은 것이라고 한다. 그것은 이여송이가 미륵불의 머리 부분을 칼로 쳐서 떨어뜨렸기 때문이라고 한다.

임진왜란 당시 구원병으로 우리나라에 온 이여송은 전란이 평정되자 우리나라 방방곡곡을 찾아다니며 훌륭한 인물이 날 만한 지혈(地穴)을 찾아 지맥(地脈)을 끊고 쇠말뚝을 박았다고 한다. 그렇게 전국을 돌아다니던 이여송이가 말을 타고 제비원 앞을 지나게 되었는데 말이 갑자기 멈춰 서더니 더 이상 나아가지 않는 것이었다. 이상하게 여긴 이여송이 사방을 둘러보니 저 멀리 앞길에 제비원의 큰 미륵불이 서 있는 것이 보였다.

필경 저 미륵불의 조화 때문에 말이 못 움직인다고 생각한 그는 차고 있던 칼을 빼 미륵의 목을 쳐서 떨어뜨렸다. 그러자 말이 다시 움직이며 앞으로 나갔다. 그때 칼로 목이 베인 까닭에 미륵불의 목 부분에는 목이 베일 때 흘린 핏자국이 아직도 가슴에 남아 있고, 왼쪽 어깨에는 그때 밟힌 말발굽 자국이 있다.

당시에 떨어진 목은 오래도록 땅바닥에 뒹굴고 있었는데 어떤 스님 한 분이 와서 떨어진 목을 제자리에 갖다 붙이고, 횟가루를 이음새에 붙이면서 염주 모양으로 불룩 나오게 다듬어 놓았다. 그래서 지금도 그때 이은 자리가 마치 염주를 목에 걸어 놓은 것처럼 보인다.

안동시청 앞에 있는 □□인쇄소 주인집은 사업도 잘되고 가정도 화목하며 아무런 걱정이 없었는데, 다만 대를 이을 아들이 없는 것이 그들 부부의 큰 고민이었다. 아들일까 하고 생기는 대로 낳다 보니 연이어 딸만 4명을 낳게 되었다. 그러자 부인은 몹시 조바심이 났고 남편도 한숨만 쉬었다.

특히 남아 선호 사상이 강한 안동 지방에서 가계를 이어 갈 아들을 못 낳았으니 마치 무슨 죄라도 지은 듯한 죄책감에 사로잡히게 되었고 드디어 그것이 가정의 불화에까지 이어졌다. 그래서 부인은 늘 다니던 제비원 미륵부처님에게 아들을 갖게 해 달라고 기도를 올리게 되었다.

지금으로부터 약 10년 전, 생남을 위한 백일기도를 올리게 되었는데 기도를 시작한 뒤로 비가 오나 눈이 오나 하루도 거르지 않고 일념으로 부처님 앞에 나아가 촛불을 켜고 향을 사르며 "저희 부부에게 대를 이을 아들 하나만 낳게 해주십시오." 하고 일념으로 기도를 올렸다.

기도가 끝나는 100일째 되던 날 밤, 부인 꿈에 제비원 미륵부처님이 예쁜 강아지 한 마리를 안고 오셔서 "이 강아지를 잘 길러라." 하시면서 검둥강아지 한 마리를 주시는 것이었다.

부인은 황급히 강아지를 받아 치마에 싸서 방 안으로 들어가는 꿈을 꾸었다. 그 일이 있은 뒤 얼마 있다가 태기가 있어 부인은 5번째 임신을 하게 되었다. 10달이 지난 뒤 아기를 낳고 보니 그토록 바라고 바라던 건강한 아들이었다.

　두 부부의 기쁨은 말로 다 형용할 수가 없었다.

　지금 그 아기는 9살(초등학교 2학년)이 되었으며 온갖 재롱을
다 부리며 아주 건강하게 잘 자라고 있다. 그리하여 잃었던 가
정에는 다시 행복한 봄바람이 불기 시작하였고 미륵부처님에
대한 신심은 더욱 두터워졌다(염미사 주지의 말씀을 기록함).

한천사 약사여래불

소재지_ 경북 예천군 감천면
증거리 산 184

한천사 약사여래불

통일신라 시대(8세기경)에 조성된 것으로 추정되는 이 거대하고 우아한 철조 약사여래 좌상은 신체 높이 1.53m이며 1,200년 이상 되는 고불(古佛)이다.

좁고 약간 처진 어깨, 강조된 가슴의 젖무덤, 거의 수평으로 표현된 가늘고 긴 눈과 평평한 콧잔등, 유난히 두드러진 인중의 특징적인 처리, 굵고 억센 팔 등에서 우아하면서도 힘세고 침착한 인상이 한없이 풍겨 나온다.

이 부처님은 세부의 표현에서 추상화의 경향이 대두되는 신라 말 9세기 후기의 양식적 특징을 단적으로 보여주는 대표적 철불(鐵佛)로서 선종(禪宗) 계통의 철제 불상 조성의 붐을 타고 조성된 우수한 불상이라고 말할 수 있다.

1) 몸에 진흙을 발라 난을 면한 부처님

　2차대전 말엽, 일제는 극심한 물자 부족으로 전쟁 수행의 어려움에 처하자 우리나라 방방곡곡에서 온갖 만행을 다 저지르기 시작했다.

　전쟁 물자를 조달하기 위해 가정에서 사용하는 집기 중 모든 쇠붙이를 강제로 공출(供出)하는 한편 향교나 사찰 등을 찾아가서 놋그릇, 쇠절구, 촛대, 제기, 심지어 불상까지도 강제로 압수하는 만행을 저질렀다.

　그때의 일이었다.

　어느 날 밤 당시의 주지스님 꿈에 법당에 계시던 약사여래부처님이 내려오셔서 "내 몸에 속히 진흙을 칠해라."고 하시는 것이었다. 주지스님은 꿈도 이상하다 하면서도 별로 마음에 두지 않고 며칠을 지냈다. 그런데 2, 3일 있다가 똑같은 꿈을 다시 꾸게 되었다. 그때서야 이거 무슨 사연이 있는 것이 아닌가, 하면서 꿈에 지시를 받은 대로 부처님 몸에 골고루 두껍게 진흙을 잘 칠했다.

　그리고 며칠이 지났다.

　일본 순사(巡査)와 많은 사람들이 수레를 끌고 와서 절에서 사용하는 놋그릇과 향로(香爐), 촛대 등 많은 쇠붙이를 닥치는 대로 빼앗아 갔다. 그때 한 일본 순경이 약사여래부처님을 보고 가져 가려 하다가 "이 부처님은 흙으로 된 토불(土佛)이구나.”하며 그냥 지나쳐 버렸다. 그래서 약사여래 부처님은 무사히 난을 면하고 지금도 제자리에 앉아 계신다고 한다(주지 스님의 말씀에서).

2) 70쌍의 쌍둥이를 주신 부처님

한천사 약사여래부처님의 위신력과 영험은 대단하다.

자식이 없어서 고민하는 사람이 만일 이 부처님 앞에 나아가 일념으로 기도를 올리면 부처님께서 아들을 점지해 주시는 것은 물론이고, 지금까지 자식 못 가진 한을 한꺼번에 풀어 주시는 듯, 아들을 하나만 주시는 것이 아니고 쌍둥이로 안겨 주신다.

이 부처님께 기도를 해서 낳은 쌍둥이가 정확히 몇 쌍이나 되는지 알 수 없지만 약 50쌍의 쌍둥이가 지금도 이 절과 인연을 맺고 살고 있으며, 절에 오지 않는 것으로 추정되는 약 20쌍의 쌍둥이를 합하면 약 70쌍의 쌍둥이들이 한천사 부처님의 가피력을 받아 태어났다고 한다.

울산에 사는 박□□ 씨는 늦도록 자식이 없어서 아예 자기 팔자에는 자식이 없는 것이라고 단념하고 살다가 우연히 한천사 부처님 소문을 듣고, 한천사에 와서 백일기도를 올린 결과, 50세 때 생남하여 지금 그 아들의 효도를 받으며 노후를 잘 보내고 있다.

역시 울산에 사는 최□□ 씨도 결혼한 지 9년이 되도록 아기

쌍둥이를 안겨 주는 한천사 부처님

가 없었다. 대구, 부산, 서울 등 여러 병원을 찾아다니며 진찰을 하고 약을 먹어도 허사였으며 병원마다 가망이 없다고 절망적인 말만 하였다. 그러다가 우연히 한천사 약사여래부처님 소문을 듣고, 한천사에 와서 약사여래부처님께 열심히 백일기도를 올렸다.

그러자 그들의 정성이 부처님께 닿았는지 1995년 8월에 예쁜 딸을 하나 낳았다. 부부의 기쁨은 말로 다 할 수 없으며 지금도 아기의 건강과 가호(加護)를 위해 약사여래부처님께 의지하고 산다고 한다.

3) 5수생에게 용기를 주신 부처님

1994년 10월 말경, 백일기도를 마칠 무렵이었다.

석양 무렵 등산복 차림의 한 젊은 청년이 찾아와서 부처님께 기도를 하러 왔다고 말했다. 어디에 살고 어떻게 이 절을 알고 찾아왔느냐고 물었더니, 서울에 사는데 무작정 발길 닿는 대로 오다가 보니 여기까지 왔다는 것이었다.

주지스님은 그에게 음식을 주고 잘 자리를 마련해 주면서, 이름도 주소도 사연도 아무것도 더 묻지 않았다. 그리고 약사여래부처님께 하루에 3,000번씩 절을 하라는 말 한마디만 하였다.

다음 날부터 그 청년은 열심히 절을 하였고 일주일 동안 계속 3,000배를 올렸다.

일주일이 지난 다음 그 청년은 올 때와는 달리 밝은 얼굴로 주지스님께 하직 인사를 하고 서울로 돌아갔다.

몇 달이 지난 어느 날 밤 11시경, 전화벨이 울렸다.

기도하는 절에는 밤늦게 전화를 하지 않는 것이 예의이고 또한 스님들도 밤늦게 오는 전화는 잘 받지도 않는 것이 관례이다. 그래서 그 전화를 달갑지 않은 마음으로 받아 보니, 전에 3,000배를 하던 청년이 울먹이면서 전화를 건 것이었다.

사연인즉 자기는 4번이나 입시에 실패하여 온 동네와 집안의 웃음거리가 되어, 살고 싶은 생각마저 없어져 자살이라도 할 생각으로 시골로 내려갔는데 발길 닿는 대로 가다가 우연히 한천사에 가게 되었고, 생각지도 않게 부처님께 3,000배를 올리게 되었다고 한다. 그런데 3,000배를 시작하고 일주일째 되던 날 밤, 꿈에 부처님이 나타나서 빨리 집으로 돌아가서 한 번 더 도전하라는 말씀을 하시더라는 것이었다.

창피를 무릅쓰고 다시 용기를 내어 부처님 시키시는 대로 5번째 도전을 하였으며, 막내 여동생과 함께 시험을 쳤는데, 지금 막 합격했다는 소식을 받고 너무 기뻐서 제일 먼저 스님에게 알리고 싶어서 밤중임을 무릅쓰고 전화를 한다는 것이었다.

자기는 이제 학교에 다니지 않아도 좋으며 자존심을 회복했으니 더 이상 바랄 것이 없다고 했다. 청년은 벅찬 기쁨과 감격 때문에 말을 잘 잇지 못했다.

연세대학교에 입학한 그 청년은 해마다 방학이 되면 꼭 한천사에 찾아와서 열심히 약사여래부처님께 기도를 올리고 있다 (주지스님).

눈알이 파인
가흥리 마애삼존불

보 물_ 제221호
소재지_ 경북 영주시 가흥리

가흥리 마애삼존불

통일신라 시대에 조성된 것으로 알려진 높이 3.2m의 이 불상은 소백산에서 맥을 이어 온 거대한 암반 위에 정교하게 조각되어 있다. 아미타삼존으로 추정되는데, 본존 좌상을 중앙에 모시고 좌우에 협시보살 입상을 배치하였다. 본존불은 큼직한 원형 두광을 구비하였고 머리 주변에는 복변연화문(複瓣蓮花文)도 둘렀다.

1,300여 년의 오랜 세월 동안 단정히 그 자리에 앉으셔서 많은 중생의 애환을 제도해 주신 거룩한 그 모습에 숙연해질 뿐이다. 그러나 몰지각한 사람의 잘못으로 이 거룩한 불상의 눈알이 깊게 파이고 코가 훼손된 점은 몹시 가슴 아픈 일이다.

1) 부처님 눈에 박힌 금을 파내고 잘못을 뉘우친 한 처사

부석사에 사는 어떤 젊은 비구승이 '영주 불교 교양대학'에 등록을 하고 공부를 하게 되었다.

스님은 바쁜 일과 중 시간이 나는 대로 영주시 부근의 여러 사찰을 찾아다니며 부처님을 참배하였다. 그러다가 어느 날

‘가흥리 마애삼존불’을 찾아뵈옵고 기도를 드리게 되었다. 그런데 마애삼존불 주변이 너무나 지저분하고 더러웠다.

불공을 드리러 온 사람들이 함부로 버린 과실 껍질과 타다 남은 초, 어지러이 널려 있는 쓰레기 등이 차마 볼 수가 없을 정도로 성역을 더럽히고 있었다. 그래서 그 스님은 부처님께 누군가가 삼존불 주변을 깨끗이 청소를 하고, 부처님을 잘 지키고 보호하는 사람이 생기도록 원을 세우고, 그 원이 이루어지도록 열심히 기도를 올렸다.

기도를 하면서 부처님 얼굴을 쳐다보니 부처님의 눈이 송곳으로 뚫은 듯 움푹 파여 있는 것이 여간 가슴 아픈 일이 아니었고 마치 스님 자신의 눈이 칼로 도려내어진 듯한 아픔을 느꼈다. 그래서 스님은 푼푼이 모아 둔 용돈으로 파인 부처님 눈에 순금으로 눈동자를 만들어서 끼워 드렸다.

한편 영주시 후죽동에 철도청에서 근무하는 김□□ 씨 부부가 살고 있었다.

부인은 불심이 깊어서 늘 절에 나가 불공을 드리고 불사에 열심히 참여하였지만 남편은 불교에 큰 관심이 없었다.

어느 날 오후 김씨는 갑자기 집에 두고 온 서류가 필요해서 집에 가보니 문이 잠긴 채 부인이 없었으며, 열쇠가 없어 집에 들어갈 수가 없었다(그 당시는 휴대폰도 사람마다 없는 시대였다).

김씨는 ‘혹시 마누라가 삼존마애불에게 기도하러 간 것이 아닐까?’라고 생각하고 차를 몰아 가흥리 마애불 계시는 곳으로 갔다.

예상한 대로 부인은 열심히 기도를 올리고 있었다.

김씨가 부인이 절을 하고 있는 부처님을 무심히 쳐다보니 부처님 눈이 황금빛으로 빛나고 있었다.

김씨가 깜짝 놀라 자기의 눈을 의심하고, 가까이 가서 다시 잘 보니 틀림없이 부처님 눈이 순금(純金)이었다. 순간 나쁜 마음이 생긴 김씨는 부인의 반대와 간곡한 만류에도 불구하고 "내가 가져가지 않아도 누구라도 이 금을 보면 가져가게 되어 있으니, 먼저 본 내가 가져간다고 큰 죄가 될 것 없어!" 하며 단단히 박힌 부처님 눈의 황금을 모두 뽑아내었다.

그러고는 화장지에 싸서 가려 했다.

그런데 갑자기 한 발이 바위에서 미끄러져 몸의 중심을 잃고 그만 손에 든 금을 떨어뜨리고 말았다. 반반한 바위 위에 떨어진 금은 아무리 찾아도 없었다. 부인까지 합세해서 아무리 주변을 샅샅이 찾아봐도 결국 찾을 수가 없었다.

집에 돌아온 김씨는 그날 밤 몹시 마음이 불편했다.

금도 갖지 못하고 부처님 눈만 상하게 했다는 죄책감에 양심의 가책을 받아 편히 잠을 이룰 수가 없었다.

김씨는 결심을 했다.

"이 죄스러움을 속죄하는 뜻으로 직장이 쉬는 날에는 부처님 곁을 깨끗이 청소해야지…….'

그리하여 김씨는 휴무일에는 꼭 삼존불상 앞에 나가 열심히 주변을 청소하여 깨끗이 하였고, 부석사 스님의 원은 이루어졌다.

그러한 김씨의 결심은 오늘까지도 지켜지고 있다고 한다.

대전사 석가모니불

소재지 _ 경북 청송군 부동면
상의리 200번지

대전사 석가모니불

자그마한 키에 허리를 약간 굽힌 자세로 앉아 계시는 이 부처님은 눈을 많이 뜨고 계시는 것이 특색이다.

눈을 많이 뜨셨으니 보시는 것도 많으실 것이고, 따라서 중생의 아픔도 많이 보고 계시리라 생각된다. 확실한 조성 연대는 잘 알 수 없으나 조선 중기 소실된 절을 중건할 때 조성된 부처님이라고 생각된다.

1) 바다에 빠진 사람을 구하신 부처님

청송에 사는 심□□ 씨 집안은 대대로 대전사에 다니는 독실한 불교도이다.

신동의 생명을 구해 준 대전사 부처님

일제 말엽, 심씨가 일본 사람들에게 징용(徵用)되어 보국대
(報國隊)라는 명목으로 강제로 끌려가자 그의 어머니는 아들
이 무사히 돌아오기를 바라는 일념으로 더욱 열심히 대전사 부
처님께 기도를 올렸다.

한편 심씨는 일본 사람들에게 잡혀온 뒤 군사훈련을 받았다.

그리고 허름한 상선에 실려 부산항을 출발, 당시 일본군의 최전선인 남양(南洋) 전선(戰線)으로 항해하게 되었다. 때는 태평양전쟁 말엽이라 패색이 짙은 일본군에게는 제공권과 제해권이 완전히 없었다. 그래서 그 배는 연합군의 공격에 전연 무방비 상태였으므로 연합군의 비행기를 피해서 밤에 몰래 항해를 하였다. 그러나 그때 이미 '레이더'를 보유하고 실전에 사용하던 연합군의 예리한 감시와 공격을 피할 수는 없었다.

배가 태평양 서쪽에 다다랐을 때 염려했던 연합군의 심한 공습을 받고, 배에 커다란 구멍이 뚫려 그만 배가 기울더니 서서히 침몰하였다.

심씨는 다른 많은 동료들과 함께 배가 폭발할 때 충격으로 바다에 내동댕이쳐지고 말았다. 평소 수영을 잘 못하는 심씨는 이제 죽었구나 생각하고 있는 힘을 다해서, 그저 죽을 힘을 다해 허우적거렸다.

그때 머리에 떠오르는 것은 다만 고향의 어머니와 대전사의 부처님뿐이었다.

심씨는 마음속으로 '부처님 나를 살려 주십시오.' 하고 간곡히 기원했다. 파도는 높고 주위는 칠흑같이 어두운데 팔 힘은 점점 빠져 몸이 물 속으로 자꾸만 가라앉으려 했다.

'부처님 살려 주세요. 대전사 부처님 저를 살려 주세요.……' 하고 그의 절규는 더욱 간절했다.

바로 그때였다.

웬일인지 물 속으로 가라앉던 심씨의 몸이 물 위로 뜨는 것이었다. 정말로 신기한 일이었다. 캄캄한 밤 태평양 한가운데서 생각지도 않은 커다란 널빤지 하나가 심씨 배 밑에 철썩 달라붙어 심씨의 몸을 물 위에 뜨게 하는 것이 아닌가. 심씨는 널빤지를 꼭 잡고 '부처님 고맙습니다. 부처님 고맙습니다…….' 하고 한없이 기뻐하며 수없이 '부처님! 부처님! 고맙습니다. 나를 살려 주십시오.' 하고 기도를 하였다.

날이 밝자 주변을 지나던 필리핀 어부들에게 발견되어 꼭 죽을 목숨이 다시 살아났다. 심씨는 그때부터 필리핀에서 숨어 살다가 그해 가을 해방이 되어 고향에 무사히 돌아왔다.

지금은 80을 바라보는 적지 않은 나이지만, 이렇게 살아 있는 것이 모두 대전사 부처님 덕이라고 말하며 대전사 부처님께 더욱 감사하며 살고 있다(대전사 사무장의 말).

부석사 아미타불

소재지_ 경북 영주시
부석면 북지리

부석사 아미타불

부석사는 우리나라 화엄종의 본찰로 초조인 의상 이래 그 전법 제자들에 의해 지켜져 온 중요한 사찰이다.

의상은 676년 부석사에 자리 잡은 뒤 입적할 때까지 이곳을 떠나지 않았고 그의 법을 이어받은 법손(法孫) 역시 부석사에 발을 들여 놓은 뒤로 부석사를 떠나지 않았다고 한다. 많은 전설과 보물을 지닌 부석사는 불교 신자가 아니라도 꼭 한번 가 볼만한 명찰 중의 명찰이다.

1) 협시보살 없이 홀로 앉아 있는 부석사 아미타불

부석사 무량수전에 주존(主尊)으로 안치되어 있는 이 부처님

협시보살을 중생제도 하러 보낸 부석사 아미타불

은 고려 시대에 조성된 불상으로 높이 2.28m, 광배의 높이 3.8m인 거대한 부처님이다.

동쪽을 향하여 결가부좌의 자세로 앉아 있는 이 부처님의 수인(手印)은 석가모니불의 특징인 항마촉지인을 취하고 있지만 전해 오는 말에 의하면 옛날에 이 부처님은 두 손을 비롯하여 몸의 일부분에 손상을 입었는데 조선 시대에 이르러 보수를 하였다고 한다.

그때 손의 모양을 항마촉지인으로 하였다는 말이 있다.

극락세계가 바로 부석사의 무량수전이며, 부석사 무량수전이 바로 극락세계이다.

어느 날이라도 좋으니 부석사 법당 앞 안양루에 올라 멀리 낙조(落照)를 바라보아라. 높고 낮은 산들이 모두 굼실굼실 기며 겹겹이 부석사를 향해 머리를 조아리고 있는 모습을 보면 아무리 마음이 무딘 사람이라도 가슴 뭉클한 감명을 받을 것이며 바로 여기가 극락이라는 것을 더욱 실감하게 될 것이다.

가파른 48층의 돌계단은 아미타불이 억겁의 긴 세월 동안 이룩한 48가지의 원을 상징하는 것이며, 무량수전은 바로 극락의 전각인 것이다.

그러므로 아미타불의 48가지 원이 모두 이루어진 봉황산의 중턱은 모든 중생고(衆生苦)가 사라진 성스러운 부처님의 경계(境界)이고 정토(淨土)이며 바로 우리들 중생이 그토록 왕생(往生)하고 싶은 극락세계이다. 거기서 극락세계의 임금이신 아미타불께서 설법을 하고 계시는데, 그 설법을 듣는 사람은 누구라도 모든 일에 만족하게 되고, 마음에 즐거움만 있고 괴로움은 전혀 없으며 자유롭고 안락하다.

부석사의 무량수전은 바로 그러한 정토이고 극락세계이다. 그런 까닭에 부석사 무량수전 아미타불님 곁에는 협시보살(脇侍菩薩)님이 없다.

극락인 그곳에서는 아미타불님 자신이 직접 설법을 하시며 중생을 위해서 자비를 베풀고 계시므로 다른 보살님이 곁에 계실 이유가 없다.

협시보살님인 관세음보살과 대세지보살님 등은 아미타불 곁에 계실 것이 아니라 아직도 도탄에 빠져 생사의 고해(苦海)에서 벗어나지 못하는 불쌍한 사바세계의 중생을 제도하기 위해서 아미타불의 명을 받고 모두 속계에 내려가 계시는 것이다. 그래서 부석사 아미타불님은 협시보살 없이 홀로 계시는 것이라고 한다.

불에 타지 않는
흑석사 목조 아미타불

소재지_ 경북 영풍군
이산면 석포리

흑석사 목조 아미타불

흑석사는 예로부터 경서를 공부하는 사람과 참선하는 스님들, 그리고 불도를 닦는 여러 사람들이 많이 모여서 정법을 크게 드날렸던 곳이고 많은 인재를 배출했던 큰 도량이었다.

그러나 그간 여러 번의 화재와 몇 차례의 난을 겪으면서 사찰은 퇴락하고 모든 당우(堂宇)는 소실되어 폐허만 남게 되었다. 그러나 8·15 해방 이후 불교 정화 운동에 이바지하신 김상호 스님의 힘으로 오늘의 기도 도량이 중창되었고 목조 아미타 여래도 상호 스님의 힘으로 현존하게 되었다.

화재를 만나도 무사하신 부처님

1) 화재를 두 번이나 면하신 목조 아미타여래상

1458년에 조성된 목조 아미타여래상을 우연히 발견한 상호 스님은 그 거룩한 부처님을 모실 만한 마땅한 곳이 없어서 부처님을 등에 업고 부처님을 안치할 만한 곳을 찾아 여러 곳을 찾아다녔다. 그러다가 소백산 중턱에 있는 초암사에서 부처님을 모시고 2차대전의 난을 피했으며, 그곳에서 무사히 8·15해방을 맞이하였다.

해방 후 스님께서는 초암사가 이 부처님이 계실 만한 곳이 아니라는 것을 아시고, 다시 부처님을 등에 업고 부처님 모실 곳을 찾아다니시다가 지금의 흑석사 자리에 이르러서 부처님을 잠시 쉬게 하였다.

그런데 그날 밤 스님 꿈에 부처님이 나타나서 "여기가 바로 내가 살 곳이다."라고 말씀하셨다고 한다. 그래서 상호 스님은 그 자리에 법당을 짓고, 부처님을 모시게 되었으며 절 이름을 흑석사라 하였다.

여래상에게는 흑석사에 안치된 이후에도 많은 우여곡절이 있었는데, 특히 절에 화재가 2번이나 나서 절과 기물이 전소(全燒)되는 변을 당했는데도 번번이 부처님만은 아무 상처도 없이 무사하였다.

뿐만 아니고 이번에 부처님 복장에서 석가모니부처님의 진신 사리와 그를 증명할 만한 많은 필적이 발견되어 온 불교계를 놀라게 하였다.

아미타불의 기적

{ **소재지_** 경북 안동시
서후면 자품리

선암사 아미타불

학가산은 예로부터 신령한 영산으로 유명하다. 안동에서 서북쪽으로 약 15km 떨어진 곳에 있는 882m 가량의 이 산은 안동군에서 가장 높은 산이며 산 정상에서는 멀리 동쪽에 일월산, 서남쪽으로는 팔공산, 북쪽으로는 소백산맥이 아련히 보이고 산 아래로는 영남의 북부 지방이 한눈에 들어온다.

산마루 가까이에 있는 수십 길 바위 사이로 솟아나는 신효(神效)한 약수는 신비의 학가산을 더욱 실감나게 하며 한 모금 마시면 몸과 마음이 모두 상쾌해진다. 선암사는 그 학가산 9부 능선 가까이에 있는 암자이고 학가산 영봉의 신비를 모두 지닌 유서 깊은 절이다.

1) 현명(玄明) 스님의 병을 고쳐 주신 선암사 부처님

현명 스님은 오랜 기도 생활 끝에 신통력을 얻어서 산신령과 대화를 할 수 있는 능력을 가진 유명한 분이다. 스님이 한때 태백산에 계실 때, 오래된 산삼을 캐 먹고 몸이 매우 건강하게 되었다. 그래서 그때부터 말술을 마셔도 끄떡없고, 줄담배를 피워도 건강에 아무런 장애도 없었다.

그러자 스님은 과음을 일삼았고 담배도 많이 피우게 되었다. 나쁜 습관에 빠진 현명 스님은 얼마 동안 과음과 흡연으로 세월을 보내다가 문득 바른 정신이 돌아와 '중이 술 담배를 해서는 안 되지.' 하는 생각이 들었다.

그래서 스님은 영험이 많다는 학가산 선암사 부처님께 기도를 드려 나쁜 습관들을 고치려 했다. 선암사 법당에 들어가 3일간의 기도를 하기로 결심을 했다. 하루 기도를 하고, 이틀 기도를 했는데, 이틀째 밤 스님 꿈에 부처님이 나타나시어 "술 담배를 끊고 안 끊는 것은 자기 할 나름이고, 스님 콧병이나 고쳐 줄까?" 하시며 품속에서 분홍색 손수건을 꺼내시더니 스님의 코를 설설 문질러 주시는 것이었다.

현명 스님은 어릴 때부터 이상한 콧병이 있어서 수시로 코에서 불그스레한 콧물이 쏟아져 나왔는데 아무리 약을 써도 낫지 않고 어떤 병원을 다니며 치료를 해도 낫지 않았다. 밥을 먹다가도 콧물이 쏟아져 나오면 한 컵씩이나 나오는데 아무런 방책도 없고 억제도 할 수 없었다.

영험 많은 선암사 부처님

스님은 평생을 그렇게 고생하고 살았는데, 그 꿈을 꾼 이후부터는 그런 증상이 씻은 듯이 없어졌고 콧병은 완전히 고쳐졌다.

그 후 스님께서는 전국 선방을 다 다니시며 공부하다가 말년에는 포항 오어사에서 기도 중 열반에 들었는데, 늘 선암사 부처님의 영험을 입버릇처럼 말씀하셨고 선암사 부처님께 항상 감사하였다고 한다.

2) 정혜월 보살의 피부병을 고쳐 주신 부처님

1991년 섣달 28일, 밤늦게 선암사 주지스님은 울먹이는 여인의 전화를 받았다.

안동시에서 경북운수 영구차를 운영하는 이□□ 씨의 부인인 정혜월 보살은 중학교 시절 우연히 감염된 피부병으로 평생 고생을 하며 살아왔다. 온몸에 나무껍질처럼 두꺼운 비늘이 생겨 피부는 딱딱하고 늘 가루가 날리며 남 보기에도 너무나 흉측했다.

손목, 발목, 얼굴을 제외한 전신에 빈틈없이 생겨난 이상한 각질(角質)은 어떤 약을 써도 효험이 없었다. 그래서 여름에도 온몸을 감싸는 긴팔 내의를 입고 살아왔다.

그간 대구, 부산, 서울 등 여러 병원을 찾아다니며 쓴 돈만 해도 엄청나며 한약도 좋다는 것은 다 써 봤지만 전혀 효험이 없었다. 그러던 중 우연히 선암사 부처님의 신통력 이야기를 듣게 되었다.

때마침 선암사에서는 절로 통하는 길 공사를 하는 중이었는데 혜월 보살은 그때부터 3년간 부처님께 일념으로 기도를 드렸다. 3년이 지난 어느 날 밤 꿈에 선암사의 부처님이 세 사람의 시자를 데리고 나타나셔서 "지금까지 고생 많았구나. 내가 너의 병을 고쳐 주리라." 하시면서 시자로 하여금 병에 든 약물을 붓으로 찍어 온몸에 발라주는 것이었다.

약물을 바르니 꿈속에서도 너무나 시원해서 날아갈 듯 몸이 상쾌했는데 꿈을 깨도 역시 꿈에서처럼 기분이 좋았다. 그리고 그 날 아침부터 몸에 붙어 있던 비늘이 떨어져 나가기 시작하여 이틀간이나 계속 떨어져 나갔는데, 큰 대야로 몇 대야나 받아 내었다고 한다. 그리하여 수십 년간 앓던 피부병은 씻은 듯이 말끔히 나았다.

감격한 나머지 밤중에 스님에게 전화를 건 혜월 보살은 다음 날 아침 선암사에 찾아가서 부처님께 감사 기도를 드렸다. 그리고 나서 불단을 쳐다보니 후불 탱화 속에 서 있는 세 분의 보살님이 바로 꿈속에서 자기 몸에 약을 발라 주던 분들이 틀림이 없다는 것을 알았다(정혜월).

3) 집을 찾아 주신 선암사 부처님

지금으로부터 약 10년 전, 산에 올라온 한 쌍의 낯선 남녀가 법당에 들어가서 부처님께 기도를 하였다.

안동 시내에서 보일러 시설을 하는 조□성 씨(53세) 부부였는데, 그들은 한때 시멘트 블록공장을 친구와 동업으로 경영하였다. 그런데 믿었던 그 친구에게 공장을 모두 사기당하고 빈 털터리가 되었다. 엎친 데 덮친다고 대구 근교에 사 놓은 허름한 집 한 채도 사기꾼의 농간에 네 사람이 같은 수법에 걸려 네 사람 모두 돈만 내고 손해를 보게 되었다.

절망에 빠진 그때, 그들은 부처님께 의지하고 싶어 선암사를 찾은 것이었다. 절에서 묵으며 며칠간 기도를 하는데 대구에서 연락이 왔다. 함께 사기당해 집을 산 세 사람으로부터 "우리 모두 재수가 없어서 이렇게 되었는데, 집을 팔아서 4등분 해도 집값이 얼마 되지 않아 번거롭기만 하고 돈도 안 되니, 네 사람이 모여서 제비를 뽑아 당첨되는 한 사람이 집을 차지하기로 하자."라는 전갈이었다.

기도 중인 그들은 기도를 포기하고 갈 수가 없어서 "당신들 뜻에 따를 터이니 세 사람이 제비를 뽑고 남는 한 개가 내 것이니 알아서 해주시오."라고 전화로 말하였다. 그리고 부처님께 열심히 기도만을 했다.

며칠 후 그 집이 조씨에게 당첨되었다는 연락이 왔다. 크게 돈 되는 것은 아니지만 기왕 자기 몫으로 당첨되었으니 법적 이전 절차를 마쳤다.

그런데 그러고 조금 있으니 그 집 일대가 개발지역이 되어 집값이 폭등했다. 조씨는 그 집을 팔아서 다시 사업을 시작하였고 많은 재산을 모아 지금도 안동에서 잘 살고 있다. 그들은 이 모두가 선암사 부처님의 덕이라고 생각하고 항상 기도를 게을리 하지 않고 있다.

남장사 비로자나불

{ 보　물_ 제922호
소재지_ 경북 상주시 남장동

남장사 비로자나불

조용하고 아담한 경내에 들어서면 아무리 마음이 산란한 사람이라도 정신적 안정을 찾게 되는 남장사는 예로부터 많은 고승들을 배출한 유서 깊은 유명한 사찰이다.

관음선원에 안치된 관세음보살님도 그럴 수 없이 자비롭고 영험이 크지만, 남장사에서는 역시 주불인 비로자나불이 으뜸이다.

1) 손 모양을 달리한 수인(手印)

비로자나불은 현상세계에 나타난 모든 부처님의 원래의 모습인 진리 자체를 상징하는 진신(眞身) 또는 법신(法身)을 뜻하는 부처님이다. 그러므로 이 부처님은 보통 사람의 육안으로는 볼

손 모양이 다른 비로자나불

수 없는 법신 즉 법을 몸으로 하는 대광명의 부처님이다.

법신이란, 빛깔이나 형상 등으로 나타낼 수 없는 가장 근본적 우주의 본체인 진여실상(眞如實相)을 의미하는 것이다. 그래서 비로자나불은 지권인(智拳印)이라는 특수한 손 모양을 하고 있다. 즉 왼손의 집게손가락을 펴서 오른손으로 감싸 쥔 손 모양을 하고 있는데, 이는 오른손은 불계(佛界), 왼손은 중생계(衆生界)를 나타내는 것이며, 부처와 중생, 미혹과 깨달음이 둘이 아니고 하나임을 상징하는 것이다.

그런데 왠지 남장사의 비로자나부처님은 오른손과 왼손이 바뀌었다. 오른손의 집게손가락을 왼손으로 감싸 쥐고 계신다. 이는 중생과 부처의 구별마저 원천적으로 없다고 하는 깊은 뜻을 상징하는 것인지도 모른다. 이 부처님 앞에 서면 마음이 더욱 숙연해지는 것도, 이 부처님의 위대한 위신력 때문이 아닌가 생각된다.

2) 견비통을 고쳐주신 비로자나부처님

상주시청 앞에 사는 금년 53세의 김□숙 여인은 약 10여 년 전 얻은 견비통으로 심한 고통을 받으며 살아왔다. 온갖 약을 다 써도 낫지 않아, 침도 맞고 온천도 가보고 방사선 치료도 받아 보았으나 아무런 효험이 없고 고통은 날로 심해져, 밤이면 잠을 이룰 수가 없었다.

그런데 어느 날 이웃에 사는 사촌 언니가, 병고에 시달리는 강보

남장사의 장엄한 극락보전

살을 보고 남장사에 가서 부처님께 불공을 드려 보라고 하였다.

　김□숙 여인은 언니의 말을 듣고 틈이 있는 대로 남장사에 가서 비로자나불에게 일념으로 기도를 올렸다. 혼탁한 시내의 공기와 소음에서 벗어나, 조용하고 아늑하며 마치 극락세계와도 같은 남장사 경내의 분위기와 말없이 앉아 계시는 거룩한 부처님의 모습에 깊은 감화를 받은 김□숙 여인은 그때부터 열심히 남장사 부처님을 찾아가서 기도를 하며 마음을 닦았다.

그러던 어느 해 2월 보름날(음력) 밤, 꿈에 누런 옷을 입은 잘생긴 한 남자가 나타나서 오른손 집게손가락으로 아픈 어깨를 세 번 툭툭 찌르고는 아무 말 없이 가버렸다. 꿈속에서도 그 손가락이 닿자 그렇게 시원할 수가 없었는데, 잠을 깨고 나서도 그렇게 오래도록 아팠던 견비통이 거뜬히 나아 버렸다.

너무나 기뻐서 다음 날 새벽, 초와 향을 준비해서 절에 달려가 비로자나부처님을 우러러보니 어젯밤에 어깨를 짚어 주던 손이 바로 비로자나부처님의 오른손과 꼭 같다는 것을 알았다.

부처님이 병을 고쳐 주신 것이 틀림없다는 것을 안 김□숙 여인은 부처님 앞에 엎드려, 하염없이 "부처님 고맙습니다. 부처님 고맙습니다."하며 기쁨의 눈물을 흘렸다. 그렇게 고통스럽던 견비통은 그때부터 씻은 듯이 나아 버렸고, 다시 건강을 찾은 김□숙 여인은 지금도 열심히 부처님에게 귀의하며 살고 있다(김□숙, 남장사에서 만나 이야기를 직접 들었다).

3) 10배로 갚아 주시는 부처님

상주 서문시장에서 곡물상을 하고 있는 최정□ 여인은 금년 61세이다.

몇 년 전 남편과 사별하고 지금은, 아들과 함께 곡물상을 하고

있는데 무척 신심이 깊은 사람이다. 동짓날이나 초파일 등 절에
무슨 일이 있으면 많은 곡식을 잊지 않고 시주를 하여 왔다.

특히 동지(冬至) 때는 절에서 쓸 팥을 1가마니 정도 시주를
하는데, 한두 해가 아니고 남편이 살아 있을 때부터 계속해 오
고 있다. 그런데 거기에는 다음과 같은 사연이 있다.

지금으로부터 10년 전쯤, 동짓달 어느 날 밤 꿈을 꾸니, 남장
사에서 왔다는 어떤 사람이 팥죽을 쓰게 팥을 외상으로 좀 달
라고 하였다. 그래서 최정□ 여인은 달라는 대로 팥을 퍼 드렸
다. 아침에 꿈이 너무 이상해서 남편에게 꿈 이야기를 하였더
니, 남편도 같은 꿈을 꾸었다고 한다. 그래서 그해, 동지를 며
칠 앞두고 남장사에 팥 1말과 찹쌀 반 말을 시주하였다.

그런데 이상하게도 절에 곡식을 시주하고 난 다음, 생각지도
않게 재수가 좋아서 시주한 것보다 10배 정도의 이문(利文)이
생기고 횡재가 생겼다. 부부는 다음 해에도 동지 전에 팥을 시
주하였는데, 시주하고 나면 꼭 좋은 일이 번번이 생기는 것이
었다.

그래서 그들은 지금까지도 시주를 아끼지 않고 열심히 절에
다니며, 꿈에서 본 것 같은 사람인 비로자나불에게 지극한 정
성을 드리고 있다.

땀을 흘려 위기를 알리는
송광사 삼존불

전북 유형문화재_ 제70호
소재지_ 전북 완주군 소양면 대흥리

송광사 삼존불

송광사는 종남산(終南山)에도 있고, 승주군 송광면 조계산(曹溪山)에도 있다.

여기서는 종남산에 있는 송광사를 말하는 것이다.

이 절은 인가와 인접해 있는데다가 절 뒤의 종남산도 산세가 웅장하지 못하고 숲이 빈약해서 처음 절을 찾는 사람은 절다운 그윽한 분위기가 잡히지 않지만, 일단 사찰 경내에 들어서면 분위기는 전연 딴판이고, 밖에서 느끼지 못한 엄숙하고 거룩한 사찰 분위기에 숙연해진다.

도처에 산재한 옛 자취와 널찍한 뜰, 하늘을 찌를 듯한 고목 등 고찰만이 안겨 주는 묵직한 분위기가 경내를 쉽게 떠나지 못하게 할 것이다.

그런데 이 절에는 그 유명한 땀을 흘리는 부처님이 계신다.

1) 나라에 큰일이 있을 때 땀을 흘리는 삼존불

대웅전에 안치된 목조 삼존불은 조선조 후기에 조성된 불상
으로서 석가모니불, 아미타불, 약사여래불이다.

좌고가 무려 540cm나 되는 이 커다란 부처님을 처음 대하는
사람은 그 웅위함에 위압감을 느끼고, 부처님을 모르고 막살아

온 과거를 되돌아보며 자신을 반성하게 된다.

특히 눈을 크게 뜨고 모든 것을 꿰뚫어 보는 듯한 얼굴을 우러러보면, 내 마음속 깊은 곳까지 환히 들여다보는 것만 같아 두려움마저 생긴다.

그런데 아니나 다를까 이 부처님들은 신비한 능력을 가지셨다. 나라에 무슨 큰일이 생기려 하면 며칠 전부터 부처님 온몸에 땀이 난다.

8·15 해방 때도 그랬고, 6·25사변이 일어나기 전에도 온몸에 땀이 많이 났다.

국가원수인 박 대통령이 시해당하기 전에도 부처님 몸에서 많은 땀이 났다.

대웅전 동편 외벽에 부처님 몸에 땀이 나는 모습을 사진으로 찍어서 전시해 놓았다.

좌대 위에 앉아 계시는 목불(木佛) 몸에서 줄줄 흐를 정도로 많은 땀이 난다는 것은 아무리 생각해도 이상한 일이 아닐 수 없다.

뿐만 아니라 이 부처님께 일념으로 기원하면 무엇이든 한 가지 소원은 꼭 이루어 주신다는 이야기도 있다. 그래서 지금도 이 부처님의 영험에 의지해서 마음의 평안을 얻으려는 많은 신도들이 이 부처님을 찾아 전국에서 모여들고 있다.

10 먹을 것을 주는 위봉사 부처님

보　물_ 제608호(보광전)

소재지_ 전북 완주군 소양면 대흥리

위봉사 부처님

전주 팔경의 하나인 위봉폭포와 천혜 요새 위봉산성을 안고 있는 주출산 남쪽에 자리 잡은 이 절은 신라 진평왕 26년(604년) 때 창건된 유서 깊은 신라 고찰이다.

신라 말기에 최각룡(崔龍角)이라는 사람이 이곳을 우연히 지나다가 세 마리의 봉황새가 절터를 에워싸고 싸우는 것을 보고 절 이름을 한때 위봉사(圍鳳寺)라고 한 적도 있었다.

이 절 나한전은 나한님들의 신통력과 영험이 커서 나한 기도를 하러 오는 사람들로 늘 붐비고 있다.

1) 쌀과 소금을 보내 주신 부처님

옛날 나옹화상이 이 절을 중창하였을 때만 해도 1,000여 명

승려들에게 식량을 주신 위봉사 부처님

의 스님이 수행하였고 28채의 화려한 당우와 10동의 암자를 거느린 대가람이었다.

그러나 무상한 세월이 흘러, 사세(寺勢)는 급격히 퇴락되고 절의 토지에서 나는 수입으로는 행사를 계속할 수 없음은 물론이고, 몇 명 남지 않은 스님들의 식량도 모자랐다.

당시 주지로 있던 노스님은 더 이상 견딜 수가 없어서 아미타불 앞에 꿇어앉아 "소승의 힘으로는 더 이상 절을 유지할 수 없어 절을 떠나려고 하직 인사를 하나이다." 하였다.

그런데 그날 밤 어렴풋이 졸다가 꿈을 꾸니 법당의 부처님이 말하기를 "법사는 아직 여기 있거라. 내가 사람을 시켜 권선(勸善)을 해서 공들일 비용을 나오게 하리라." 하는 것이었다.

주지스님은 꿈이 너무나도 이상해서 절을 떠나지 않고 좀 더 기다려 보기로 했다.

그 후 13일 만에 웬 사람 둘이서 말과 소에 무엇을 싣고 문 앞에 이르렀다.

절에 있는 스님들이 나가서 어디서 왔느냐고 물으니 "우리는 전주 사는 사람인데 일전에 위봉사에 계신다는 스님이 어떤 보살님과 함께 와서, 절의 사정이 궁색하여 권선(勸善)을 왔노라고 하시기에, 이웃 사람들과 함께 시주를 거두어 백미 여섯 섬과 소금 넉 섬을 모아 가지고 왔습니다." 라고 하였다.

스님은 절 안에서는 아무도 나간 사람이 없었다고 하였다.

그러나 그들은 "아니올시다. 그분들은 우리를 데리고 여기까지 함께 와서 저 위봉산성 앞에 이르자, '절이 얼마 남지 않았으니 우리가 먼저 가서 기다리겠습니다.' 하며 이리로 미리 왔습니다."라고 하였다.

주지스님이 그들을 법당에 데려가서 참배를 하게 하였더니, 부처님을 쳐다본 그들은 깜짝 놀라며 "저 부처님 얼굴이 바로 그 스님 상(相)이고, 부처님 뒤에 그려진 관세음보살 상이 바로 그 보살님의 얼굴과 꼭 같습니다."라고 말하며 놀라움과 두려움을 금치 못하였다.

그들은 그로부터, 절을 도우라는 부처님과 관세음보살님의 뜻에 따라 매년 쌀과 소금을 절에 바쳤다고 한다.

금산사 미륵불

국　보_ 제68호(미륵전)

소재지_ 전북 김제시 금산면 금산리

금산사 미륵불

　　절 이름을 금산사(金山寺)라고 할 만큼 금산사에는 너무나 거룩한 부처님들이 많이 계신다. 김(金)이란 김인(金人) 즉 부처님을 뜻하는 말이고 산(山)은 산과 같이 많다는 듯이므로 金山寺(금산사)란 많은 부처님이 계시는 절이라는 뜻일 것이다.

　　유명한 미륵부처님은 물론이고, 대적광전 안에는 과거·현재·미래불과 그분들을 협시하는 보살들로, 그 큰 법당이 온통 부처님으로 가득하다.

　　뿐만 아니라 계단(戒壇)에는 석가모니부처님의 진신사리(眞身舍利)도 모셔져 있어서, 이 절을 찾는 사람들의 마음에 더욱 큰 환희심을 불러일으켜 준다.

우아한 금산사 미륵전

1) 가장 큰 실내의 부처님

밖에서 보면 우아한 3층 건물인 미륵전은 안이 텅 빈 1층 건물이다.

이 미륵전(彌勒殿) 안에 높이 약 12m인 미륵불(彌勒佛) 입상(立像)과 이 미륵불을 협시하는 좌우의 두 분 보살이 안치되어 있다.

거대한 미륵 입상

미륵불은 일반적으로 머리에 커다란 관을 쓰고 계시는 것이 보통인데, 금산사의 미륵불은 실내에 모셔져 있기 때문인지 머리에 관을 쓰지 않고 있다.

오른손을 들어 외장(外掌)하고 왼손은 앞으로 내밀어 손가락을 조금 오므린 모습을 하고 있는데, 이는 아마도 시무외(施無畏)와 여원인(與願印)의 모습을 반영시킨 것으로 보인다.

즉 '나에게 귀의(歸依)하는 사람은 모든 두려움에서 벗어나게 할 것이며, 또한 원하는 것은 무엇이나 이루어 줄 것이다.'라는 수인(手印)이다.

2) 남편을 만나게 해준 미륵불

금산사 미륵불에 기도를 하고 소원을 빌면 뜻하는 바가 모두 잘 이루어진다는 소문이 널리 퍼져, 서울 인천 등지의 신자들이 무척 많이 다녀간다고 한다.

그래서인지 금산사 아랫마을에서는 미륵불과 협시보살을 '서울 보살, 인천 보살' 이라고 부른다고 한다.

인천 사는 박 여인은 외항선을 타고 멀리 외국에 나가 있는 남편이 몹시 그리워 견딜 수가 없어서, 금산사 미륵부처님께 일념으로 하루빨리 남편을 만나게 해 달라고 기도를 드렸다.

커다란 부처님 앞에 선 그녀는 가련한 아내의 소박한 소원을 마음속으로 열 번 천 번 말하면서 무릎이 닳도록 아주 많이 절을 하였다.

그리고 가슴 가득 그리움을 안고 인천 집에 돌아갔는데, 3일이 지나자 뜻밖에도 남편이 특별 포상 휴가를 받아서 돌아왔다. 박여인의 기쁨은 말로 다 형용할 수가 없었다. 그립던 남편의 가슴에 안겨 행복에 젖은 순간순간에도 금산사 미륵부처님께 드리는 고마운 마음은 더욱 간절하였다.

남편이 다시 직장으로 돌아가자 곧 박 여인은 고마우신 미륵부처님께 감사의 인사와, 남편의 무사를 기원하기 위해 또다시 금산사를 찾아와서 "부처님 고맙습니다. 부처님 고맙습니다." 하며 진심에서 우러나오는 뜨거운 기도를 계속하였다(금산사에서 들은 이야기).

3) 대적광전의 주불

금산사 대적광전 안에는 많은 부처님이 계셔서 처음 보는 사람들은 어느 분이 어느 부처님인지를 잘 알 수가 없다. 가장 가운데 자리에 두 손을 가슴에 모으고 깍지 낀 손의 집게손가락을 마주 대고 계시는 부처님이 바로 대적광전의 주불인 비로자나불이다.

우주의 본체이며 모든 법의 근원인 이 부처님은, 바로 법을 상징하는 부처님이다.

인연 따라 오는 것도, 인연 따라 가는 것도 모두 만유의 법이며, 산은 산답고 물은 물다운 것도 모두 영원이 변하지 않는 법이다. 영원히 변치 않는 부동(不動)의 법, 그것이 바로 비로자나불의 세계이다.

4) 대장각의 석가모니불

보물 제827호로 지정된 이 정각은 본래 미륵전 앞에 세워져 있었던 건물로 경서를 보관하던 전각이었다. 그러나 지금은 정서각으로서의 기능은 사라지고 내부에 부처님을 모시고 있다.

석가모니불로 추정되는 그 부처님의 몸에서 나는 배광은 너무나도 거룩하고 화려해서 눈이 부신다. 그래서 불자라면 누구라도 이를 보는 이의 마음에 한없는 환희심(歡喜心)을 일으키게 된다.

기도하는 사람들의 발길이 끊이지 않는 이 아담한 불상은 신앙적인 면을 떠나서라도 불교미술의 꽃이라고 할 수 있다.

이밖에도 금산사에서 빼놓을수 없는 것은 부처님의 진신사리를 모신 계단(戒壇)이다. 미륵전(彌勒殿) 옆, 경내에서 가장 높은 곳에 안치된 이 계단(戒壇)은 무관심한 참배자들에게는 그저 지나치기 쉬운 성역(聖域)이다.

경내의 아름다운 석탑

보경사 비로자나불

보경사 비로자나불

경북 8경의 하나인 내연산의 계곡을 옆에 끼고 있는 이 고찰은 사시사철 인산인해를 이루는 관광 명소이다. 그러나 사찰 경내에 들어서면 시끄러운 세속의 잡다한 분위기와는 전연 달리 고찰이 풍기는 높은 기품에 숙연해진다.

신라 진평왕 11년(589)에 일조선사(日照禪師)가 팔면보경(八面寶鏡)을 땅에 묻고 그 위에 지었다는 적광전(寂光殿)에는 세상에서도 보기 드문 아름다운 부처님이 미소 짓고 계신다.

1) 김 여인의 정절을 지켜 주신 비로자나부처님

부산 서면에 사는 57세 된 김□숙 여인은 24 때에 세 살 위인 남편과 결혼을 했다.

조그마한 구멍가게를 운영하던 그들은 열심히 일을 했으나 노력하는 것만큼 돈이 잘 벌리지는 않았다. 그래서 그들은 늘 가난하게 살았고 항상 돈에 쪼들렸다.

어느 날 남편은 젊은 아내에게, 일본에 가서 돈을 벌어 올 테니 3년간만 집을 잘 지키며 기다리라고 했다.

그때만 해도 밀항선을 타고 일본에 가서 돈을 많이 벌어 온다는 이야기가 파다하였고, 기회만 있으면 일본으로 밀항을 하려 했던 때였다. 일본으로 간다는 남편을 말리다가 지쳐서 눈물로 배웅하는 아내를 남겨 두고 떠나가 버린 남편은, 약속한 3년이 지났지만 소식도 없이 돌아오지 않았다. 일본과 국교가 정상화되지 않았던 때라 남편의 소식은 알 길이 없었다.

어린 딸 하나를 데리고 외롭게 사는 김 여인에게는 무척 힘들고 고달픈 생활이었다. 그럴 때면 언제나 남편과 함께 가본 적이 있었던 보경사를 찾아가서 비로자나부처님께 기도를 드렸다.

혼자 사는 젊은 여인에게는 언제나 유혹이 따른다.

김 여인의 처지를 잘 아는 여러 남자들이 "밀항선을 타고 가다가 사고를 당한 듯하니, 당신 남편은 영영 돌아오지 못할 것입니다. 마음을 고쳐먹고 나와 함께 살면 내가 행복을 보장하겠습니다." 하고 온갖 듣기 좋은 말로 유혹하였다.

너무 외롭고 또한 살기 힘들어서 가끔은 팔자를 고쳐 볼

까…… 생각할 때도 여러 번 있었지만 그럴 때면 문득, 잘생긴 보경사 비로자나부처님 생각이 났다.

너무나 잘나고 늠름한 부처님 모습이 뇌리에 떠오르면, '세상에 저 부처님만큼 잘나고 인자한 남자가 있으면 마음을 허락해도 좋지……. 그러나 내 남편 빼고는 어디 저 부처님만큼 잘난 남자가 있어야지…….' 하고 번번이 마음을 주저 앉혔다.

잘생긴 보경사 비로자나불

　　때로는 극성스러운 남자들의 성화에 못 이겨, ‘몸을 맡겨 버
릴까……’ 라고 생각하는 날이면, 의레 부처님이 나타나서 말
없이 미소 지으며 김 여인의 마음을 꿰뚫어 보듯 손을 뻗쳐 집
게손가락으로 손가락질한다.

　　이와 같은 갈등을 겪으면서 어언 5년이라는 세월이 흘렀다.
　　그런데 죽은 줄로만 알았던 남편이, 일본에 가서 좋은 사람
을 만나 인쇄 기술을 배우고, 인쇄 기계까지 사 가지고 돌아왔
다. 김□숙 여인의 기쁨은 말로 다 할 수 없었다.

　　그리하여 부산으로 가서 작은 공장을 차린 그들은 그 뒤 많
은 돈을 벌어서 지금은 큰 부자가 되어 잘 살고 있는데, 김□숙
여인은 그때 만일 보경사 부처님이 아니었다면 오늘의 행복이
없었다고 말하며, 지금도 보경사 부처님께 감사하는 마음으로
살아가고 있다.

13／ 목숨을 연장해 준
김룡사 지장보살

소재지_ 경북 문경시 산북면 김룡리
운달산에 있는 고찰

김룡사 지장보살

운달산 남쪽 계곡을 흐르는 계곡 곁에 자리 잡은 이 절은 노송과 전나무의 고목 숲 속에 있는 고색이 짙은 큰 절이다. 신라 진평왕 26년에 창건된 이래 수많은 역사를 간직하고 오늘에 이른 김룡사는 운달산과 사불산을 이은 등산로(登山路)로도 유명하다.

옛날 문경부사 김씨가 운달산에 은거하고 불공을 드려서 처음에는 딸(神女)을, 두 번째는 아들을 낳게 되었는데 그 아이의 이름을 용(龍)이라 하였더니 가운(家運)이 번창하였으므로, 이에 불공을 드리던 곳을 김룡동(金龍洞)이라 하고 절 이름도 김룡사(金龍寺)라 하였다 한다.

김룡사의 오래된 법당

1) 목숨을 연장해 주신 지장보살님

점촌에 사는 임정□ 여인은 윗대부터 김룡사에 다녔으며, 특히 지장 기도를 열심히 해 왔다. 지금 환갑이 지난 임 여인은 약 10년 전에 얻은 기관지 질환으로 무척 고생을 해 왔고, 지난 겨울에는 증상이 너무 심해 중환자실에 입원까지 할 정도로 건강이 악화되었다.

　병원 병실에 입원해 있던 어느 날 밤 꿈에 저승차사 3명이 검은 옷을 입고 임정□ 여인을 찾아와서 무조건 따라오라고 했다. 꿈속에서도, 저승차사를 따라가면 이 세상을 하직하는 날이고, 죽는 것이라는 것을 알았지만, 몸에 힘이 빠져 한마디 대항도 할 수 없고 또한 피하거나 도망도 할 수 없는 절체 절명의 위엄에 눌려 가자는 대로 따라갔다.
　그런데 문밖에 나가 정신을 차려 보니 거기에는 낯선 남자 한 사람과 여자 한 사람, 두 사람이 말없이 서 있었다. 임정□ 여인은 그 사람들과 함께 저승차사를 따라 어디론가 걸어갔는데, 이상하게도 천천히 걸어가도 몸이 공중에 떠서 날아가는 것처럼 잘 걸어갈 수가 있었다.

　저승차사가 그들을 데려간 곳은 김천에 있는, 임정□ 여인의 동생 집이었다.
　그리고 동생 집에 있는 개집 앞에 다다르자, 개집 속으로 들어가라 한다. 함께 간 두 남녀는 아무 말 없이 시키는 대로 개집으로 들어갔는데, 임정□ 여인은 갑자기 두려운 생각이 나서, "지장보살님, 나는 싫어요. 지장보살님, 나는 싫어요."하면서 개집에 들어가기를 거부했다. 그랬더니 저승차사들은 임정□ 여인을 한참 노려보다가 어디론가 가 버렸다.
　깨니 꿈이었다. 온몸에 땀이 나서 이불이 흠뻑 젖어 있었다.
　며칠 뒤 꿈이 너무 이상해서 오랜만에 동생 집에 가보기로 했다.

병고에 시달리느라 동생을 못 만난 지도 1년이 넘는 듯했다. 그래서 몇 마디 안부를 묻고 나서 "네 집에 개를 기르느냐?" 하였더니 "암 개를 한 마리 기르는데, 며칠 전에 새끼를 세 마리 낳았어. 한 마리는 죽은 것을 낳고, 두 마리는 암컷 수컷 하나씩인데 아주 귀여우니 언니 한번 볼래?" 하며 개집으로 데려갔다.

그런데 이상하게도 그 개집이 꿈에서 본 개집과 꼭 같았고, 개가 새끼를 낳은 날짜와, 저승차사가 그들에게 개집으로 들어가라고 말한 날짜가 꼭 같았다. 임정□은 겁이 났다. 만일 자기가 개집으로 들어갔더라면 지금 이집 개로 환생했을 것이라고 생각하니 소름이 끼쳤다.

그리고 그 강아지 두 마리는 꿈에서 본 두 남녀의 환생이 틀림없다고 생각했다. 임정□은 동생에게 그 강아지는 특별한 강아지니, 함부로 팔지 말고 언니에게 달라고 부탁하고, 자기가 잘 키우기로 결심했다.

그 후 임정□은 자기를 구해 주신 김룡사 지장보살님께 한없는 감사를 드리고, 다음 생에 더 좋은 곳에 태어나기 위해서 더욱 착한 일을 많이 하고, 영험이 많으신 김룡사 지장보살께 더 기도하고 살기로 맹세하였다.

많은 전설을 지니고도 말없는 미륵불

대승사(大乘寺) 나한님

{ 소재지_ 경북 문경시 산북면
전두리 四佛山(사불산)

대승사(大乘寺) 나한님

일반에게 잘 알려지지 않은 대승사는 울창한 소나무 숲 속에 자리 잡은 조용하고 편안한 고찰이다. 특히 이 절의 부설 암자인 묘적암(妙寂庵)은 신라 선덕 여왕 15년(646)에 부설조사(浮雪祖師)가 창건한 유서 깊은 절이며, 고려 충숙왕 때에는 유명한 나옹화상(懶翁和尙)이 출가한 곳이기도 하다.

그 당시 20세 젊은 나이의 나옹은 갑작스런 친구의 죽음에 죽음이란 무엇인가?' 하는 의문을 품고 묘적암에 찾아와 요연선사(了然禪師)를 뵈옵고 승려가 되기를 청하였다.

요연선사는 "여기 온 것은 무슨 물건인고?" 하고 물으니, 나옹은 "먹고 마시고 말하고 듣고 하는 것이 왔습니다. 그러나 보려 해도 볼 수 없고 찾으려 해도 찾을 길이 없습니다. 어떻게 닦아야 되옵나이까?"라고 하였다.

요연선사는 "나도 너와 같이 알 수 없도다. 다른 스님을 찾아가 물어보아라."라고 했다는 유명한 일화가 있다.

1) 말 안 듣는 스님을 벌주신 나한님

10년 전만 해도 대승사는 당우(堂宇)가 기울어진 곳도 있었고, 지붕에는 비가 새는 곳도 있는 등 아주 많이 낙후된 사찰이었다. 그래서 전 주지스님은 원력을 세워 불사를 하기 시작했다.

축대도 새로 쌓고 지붕도 고치고, 요사를 비롯해서 새로운 전각들을 많이 지어서, 대승사는 완전히 면모를 새로이 했다. 그런데 공사를 하던 중 식수로 쓸 물을 받아 두기 위해 수곽(水廓)을 만들어야 할 필요를 느꼈다.

마땅한 장소가 없어서 궁리 끝에 나한전 앞에 수곽을 만들기로 하고 일을 벌였다.

그러나 나한님들은 그것이 불만이었다. 나한전 바로 문 앞에 큰 물탱크가 들어서는 것이 몹시 못마땅한 것 같았다. 그래서 수곽을 만들기 위해 낮에 파 놓은 구덩이를 밤이 되면 비를 뿌려 메워 버렸다. 스님은 그런 줄도 모르고 또 구덩이를 팠다. 그러나 어김없이 밤이 되면 소나기가 내려 구덩이 속에 흙과 자갈이 흘러들어 공사를 할 수 없게 만들어 버렸다.

그래도 스님은 공사를 중단하지 않고 계속 강행하였다.

어느 날 스님은 공사를 앞당기기 위해 손수 손수레에 흙을 담

아 나르며 일을 하는데 갑자기 누군가가 뒤에서 수레를 확 떠밀
어 뚝 아래로 넘어뜨리고 말았다.

　스님이 뒤돌아보니 거기에는 사람이라고는 아무도 없었다.

　나한님들이 화가 나서 밀어 버린 것이 분명했다. 그 사고로 스
님은 장 파열을 일으켜 오래도록 입원 치료를 했으나 결국 목숨
을 잃고 말았다.

2) 산 아래 동네로 내려가서 밥을 구하는 나한님들

8·15해방 이후, 잠시 사찰의 제도가 문란했을 때, 대승사에
는 어떤 대처승이 살았다고 한다. 그런데 그 스님은 여러 가지
볼일로 절을 비우는 경우가 참 많았다.

그럴 때면 부처님과 나한님께 올리는 공양(식사)도 중단이
되었다. 어떨 때는 보름이 가깝도록 공양을 못 올리는 경우도
있었다고 한다.

그런데 그럴 때면, 절 아래 동네에 낯선 사람들이 가끔 나타
나서, "나는 대승사에 사는데 배가 고파 견딜 수가 없으니 밥
을 좀 주시오."라고 하며 밥을 구걸하였다고 한다.

절 사정을 잘 아는 동네 사람들은 아무리 생각해도 그런 사
람이 절에 없어서 의아하게 생각하였지만 달라는 밥은 정성껏
잘 주었다고 한다.

어떨 때는 밭에서 일을 하다가 점심을 먹으려 할 때, 이상한
차림의 사람이 절에서 내려와, 함께 밥을 먹고 가는 경우도 여
러 번 있었다고 한다. 그리고 가끔은 감자나 고구마 등 먹을 것
을 싸 가지고 가는 경우도 있었다고 한다.

어느 날 한 노파가 대승사에서 왔다는 어떤 젊은 사람에게
감자를 많이 삶아 주었더니, 그 사람은 절에 있는 친구들과 함
께 나누어 먹는다고 말하며 산으로 가져가 버렸다. 바로 그날
산나물을 캐러 산으로 갔다가 절에 들른 노파는 깜짝 놀랐다.

할머니가 싸 준 감자와 보자기가 나한전에 있는 것이 아닌가?

그때서야 산에서 내려왔다는 분들이 모두 나한님들이라는 것을 알았다.

동네 사람들은 배가 고픈 나한님들이 민가로 내려온 것이라는 것을 알고, 형편이 어려운 절에 많은 시주를 하였다고 한다. 그때부터 그 동네 사람들은 무엇이든 어려운 일만 생기면, 나한기도를 하고 나한님들의 도움으로 어려움 없이 모두 건강하고 태평하게 잘 살고 있다.

대승사 지장보살

윤필암 사방불

소재지_ 경북 문경시 산북면 전두리
사불산(四佛山)

윤필암 사방불

부처님의 진신사리(眞身舍利)를 모신
적멸보궁(寂滅寶宮)에는 불상을 모시지 않는 것이 통례이다.

그러므로 적멸보궁 법당에 들어서면, 불상이 있어야 할 자리
에 불상 대신 커다란 유리창이 있으며, 그 창을 통해 사리탑을
볼 수 있게 되어 있다.

그러나 윤필암(潤筆庵) 사불전(四佛殿)은 좀 다르다.

사불전에 들어서면, 불상은 없고, 널찍한 창문을 통해서 보
이는 것은 사리탑이 아니고 멀리 사불산(四佛山) 정상이 보일
뿐이다. 더 정확하게는 그 정상에 있는 사방불상(四方佛像)이
보인다.

사방불상(四方佛像)에 대해서는 다음과 같은 전설이 있다.

1) 하늘에서 내려온 사면불상

신라 진평왕 9년(587) 봄, 하늘에서 꽃비가 내리며 좋은 음악 소리가 들리더니 커다란 붉은 보자기에 싸인 돌 하나가 공덕산 (功德山) 산마루에 내려왔다.

높이 약 295cm, 나비 약 150cm의 커다란 돌기둥에는 사면에 불상이 새겨져 있는데, 동서 면에는 좌불상(座佛像)이, 남북 면에는 입불상(立佛像)이 새겨져 있었다.

그 소문이 퍼지자, 왕은 신기하게 생각하고 친히 사면석(四面石)을 돌아보시고, 그곳에 절을 짓게 하였다.

그리고 산 이름을 사불산(四佛山)으로 부르게 하고, 망명비구(亡名比丘)로 하여금 그 절에 머무르게 했다. 망명비구는 당시 상주 지방을 떠돌아다니던 도승으로 음양술수(陰陽術數)에도 통달했고, 법화경에도 도통하여, 밤에 잠을 자면 입에서 밝은 빛이 나는 비상한 스님이었다.

사면석에 부조(浮彫)된 네 분 부처님은 석가모니불(혹자는 아미타불이라고도 함), 약사여래불, 부동존여래불, 환희장불이라고 하는데 지금은 마멸이 너무 심해서 불상의 윤곽만 겨우 보일 뿐이다. 그러나 동편의 좌불상만은 비교적 보존 상태가 양호하다.

이 사면불에게 열심히 기도를 하면, 내세에 남자로 태어나서 좋은 인연을 만나 길이 복록을 누릴 수 있다고 한다.

16 소원을 들어주는
갓바위 약사여래불

보　물_ 제431호
소재지_ 경북 달성군 공산면
진인리 팔공산(八空山)

갓바위 약사여래불

영험이 있는 부처님으로 전국에 소문난 갓바위 (약사여래)부처님은 팔공산 관봉 850m 정상에 앉아 계신다.

보통의 경우 부처님은 산 중턱에 모셔지는 것이 통례인데, 갓바위 부처님만은 가파른 산 정상에 계신다. 그것부터가 새롭고 신기하다.

1,500여 년을 한자리에 앉아 비바람과 눈서리를 그대로 맞으며 우리의 삶을 샅샅이 지켜봐 오신 부처님은, 우리들의 애환을 모두 아시며 그 크신 가슴속에 모든 것을 묻어 두고 계신다. 그래서 우리들의 간절한 소망도 자비로운 마음으로 다 들어주신다.

그러므로 갓바위 부처님을 참배하고, 소원을 빌러 가는 사람들의 행렬이 밤낮으로 이어지며, 사시사철 그치지 않는다. 한 번 가본 사람은 그 많은 참배객 인파에 경탄했을 것이다.

1) 집을 지어 주신 '갓바위' 부처님

대구시 대명동에 사는 김진□ 씨는 우연히 '갓바위' 부처님께 소원을 빌면 무엇이든 한 가지 소원은 꼭 들어주신다라는 말을 들었다.

낡은 한옥에 사는 김진□ 씨는 부부는 부부가 함께 막노동을 해서 대학생 한 명, 고등 학생 두명, 삼남매를 교육시키며 살아가려니, 사는 것이 몹시 힘이 들었다. 항상 경제적 여유가 없는 그들로서는 새로 좋은 집을 짓는다는 것은 엄두도 못 낼 아득한 꿈속의 일이었다.

그러나 그들은 아이들이 자라 좋은 직장을 얻고 돈을 많이 벌면, 언젠가는 꼭 좋은 집을 지어서 편안하게 살 것이라는 꿈은 항상 갖고 있었다.

어느 해 봄, 친구들이 갓바위 부처님을 참배하러 가자고 하였다. 그날은 마침 날씨도 좋고, 별로 할 일도 없는 날이었으므로 김진□ 씨는 흔쾌히 친구들과 함께 팔공산으로 향했다.

가파른 돌계단을 오르고 올라 정상에 다다르자 온몸에 땀이 비 오듯 했다.

많은 사람들 틈에 끼어 그도 부처님께 3배를 올렸다.

그리고 마음속으로 평소에 가졌던 소원을 빌었다. 부처님 얼굴을 쳐다보니 그를 자비롭게 굽어보고 웃고 계시는 것만 같았다. 김진□ 씨는 가슴에 큰 감명을 받았다.

그날 이후 그는 시간이 허락하는 대로 '갓바위'를 찾아가 부처님께 일념으로 기도를 올렸다.

'갓바위'를 다닌 지 약 3년이 되었을 어느 해 봄, 어떤 낯선 사람이 그를 찾아왔다.

그리고 그들에게 헌 집을 헐어 버리고 새로 집을 지으라고 하였다. 김진□ 씨 부부는 돈이 없어서 새 집 공사를 할 수 없다고 하였다. 그러나 그들은 설계비, 공사비, 등록세 등 일체의 비용을 그들이 다 부담하고 새 집을 지어 줄 테니 걱정 말고 허락만 하라는 것이었다. 그리고 그 비용은 집을 다 지은 다음 1~4층을 전세 놓고, 그 돈으로 건축비를 뽑아 가면 되니 아무 걱정 하지 말라 했다. 뿐만 아니라 전세도 그들이 놓아 준다고 했다.

김진□ 씨는 며칠 생각할 여유를 달라고 했다.

그리하여 김진□ 씨의 헌 집은 헐리고 그 자리에 말끔한 5층 빌딩이 세워졌다.

김진□ 씨 가족은 5층 주택에서 살고, 1층 일부에 슈퍼를 차렸다. 그리고 집을 지어 준 사람들은 2, 3, 4층을 전세 놓아 건축비를 포함한 일체의 비용을 빼 갔다. 김진□ 씨는 지금 세준 1층 가게 두칸과 2, 3, 4층에서 받는 월세(전세와는 별도)의 수입으로 편안한 노후를 보내고 있다.

그러한 모든 행운은 '갓바위' 부처님이 베풀어 주신 덕이라고 생각하고 그때부터 매월 초하루와 보름에는 '갓바위' 부처님 찾아는 것을 잊지 않고 있다.

2) 운전면허증 갱신 날짜를 가르쳐 주신 부처님

85년도 겨울이라고 기억된다.

지금은 본화초등학교에서 근무하는 조세□ 선생으로부터 전화가 왔다. '갓바위' 부처님을 참배하러 가자는 거다. 평소 '갓바위' 부처님 이야기는 많이 들었어도, 한 번도 가본 일이 없는 우리 부부는 함께 가기로 하고 내 차를 타고 아침 일찍 길을 떠났다.

널찍한 '갓바위' 앞 주차장에 다다르자 전국에서 모인 많은 참배객들로 발 디딜 틈이 없었다. 겨우 빈자리를 찾아 주차를 하고, 여러 사람들 사이에 끼어 산길을 오르기 시작했다.

부처님께 올릴 쌀과 향을 길가 노점에서 샀다.

먹음직한 큰 손두부가 구미에 당겼지만, 참배하고 돌아올 때 먹기로 하고 천천히 돌계단을 올라갔다.

저 많은 사람들은 각자 모두 무슨 소원이 그토록 많기에 갓바위 부처님을 찾아왔을까, 생각하니, 인생이란 역시 욕구 부족 속에 사는 미완성의 가냘픈 갈대라는 것을 또 한 번 실감했다. 몇 번이나 포기하고 되돌아 내려가 버릴까…… 생각했지만 험하고 가파른 계단을 겨우 다 올라가서 정상에 다다르니, 그토록 뵈옵고 싶던 '갓바위 약사여래불' 께서 단정히 앉아 계신다.

초와 향에 불을 붙이려 해도 초와 향을 꽂을 공간이 없다.

우리는 가져간 향초를 불단 위에 그저 올려놓았다.

그리고 마누라에게 물었다.

"당신은 무슨 소원이 있는가?"

"아무 소원도 없어요. 당신은요?"

"나도 아무 소원도 없어." 우리는 서로 마주 보며 웃었다.

차례를 기다려 부처님께 3배를 올리고, 마음을 비운 상태에서 부처님을 세 번 돌며 부처님 무릎을 손으로 만졌다. 그리고 힘겨운 계단을 내려와 맛있는 손두부를 배불리 먹고 안동으로 돌아왔다. 마음은 상쾌하고 그럴 수 없이 편안하였다.

참 잘 다녀왔다는 생각이 들었다.

겨울 해는 짧아서 안동의 관문인 낙동강 검문소(檢問所) 앞에 다다르자 벌써 어둠살이 끼었다. '라이트'를 켜고 전진하는 우리 차를 순경이 세웠다. 면허증을 보자고 한다.

오리털 파카 속에 든 면허증은 실내가 복잡해 뒤 트렁크 속에 들어 있었다.

그래서 순경에게 "나는 시내 경안중학교에 근무하는 사람인데, 이 검문소 소장도 내 제자이다. 그리고 무면허가 아니니 그저 통과합시다."라고 했다.

내 나이도 지긋하고, 차도 중형차이며, 시내에 나를 아는 사람과 제자들도 많아서 몇 년을 다녀도 검문을 당한 일이 거의 없었다. 그리고 검문을 당해도 신분을 이야기하면 대부분의 경우 그저 통과되었다.

그런데 그날은 그게 아니었다. 그 순경은 완강하게 꼭 면허증을 확인해야 한다고 했다.

차에서 내려 트렁크 속에 든 면허증을 꺼내어 순경에게 제시했다. 손전등 불로 면허증을 자세히 들여다본 그는 "선생님, 면허증 갱신 기간이 앞으로 2일밖에 남지 않았습니다." 하며 면허증을 돌려주었다.

나는 면허증 갱신에 대해서 까맣게 잊고 있었다. 날짜는 물론이고, 그해에 해야 되는 것인지 조차도 모르고 있었다.

갓바위 부처님께서 순경을 시켜 면허증 갱신 날짜를 가르쳐 주신 것이 아닐까.

갓바위 부처님이 고마웠다.

아무 소원도 말하지 않았는데도 가장 중요한 것을 바로 주신다. 부처님을 위해 좋은 일 많이 하라고 가르쳐 주신 것이라고 생각하고, 지금도 많은 절을 찾아다니며 불교 발전과 포교를 위한 일에 열중하고 있다.

그리고 차를 탈 때면, 항상 갓바위 부처님을 생각하고, 감사하는 마음으로 운전하며 살아가고 있다.

도림사 지장보살

소재지_ 부산시 동래구 명륜2동 산 69,
월윤산(月輪山)에 있는 절

도림사 지장보살

도림사(道林寺)는 한국 제2도시 부산의 도심지에서 불과 150m 정도밖에 떨어지지 않은 곳에 있으면서도 도림사 경내에 들어서면 차 소리, 사람 소리 등 온갖 잡다한 소리는 하나도 들리지 않으며, 새소리 바람 소리 속에 태고(太古)의 정적(靜寂)만이 감돌며 절대적 안정과 고요를 느낄 수 있는 신비한 곳이다.

울창한 송림에서 솟아나는 맑은 물은 사시사철 마르지 않고 말 그대로 감로수다.

창건 역사는 오래지 않으나 영험이 크신 지장보살을 모신 알뜰한 비구니들의 수도 도량으로 나날이 면모를 새로이 하고 있다.

1) 우물 자리를 가르쳐 주신 지장보살님

도림사는 사찰의 위치상 상수도 시설을 하기가 불편하다. 그래서 물은 지하수에 의존하는데, 기존의 지하수로는 늘 물이 부족해서 물의 양이 많은 샘을 새로 파려고 했다.

90년 봄, 기술자를 데려다 여기저기 적당한 곳 몇 군데를 파보았는데도 만족할 만한 결과를 얻지 못했다. 그래서 스님은 기술자에게 의지하지 말고 부처님께 의지하는 것이 좋다고 생각하고, 지장보살님께 일념으로 "샘 자리를 가르쳐 주십시오." 하고 기도를 드렸다.

어느 날 밤, 스님 꿈에 지장보살님이 나타나서, 스님을 한참 바라보시다가 아무 말 없이 산으로 올라가신다.

스님은 지장보살님께 합장을 한 채 조용히 쳐다보다가, 따라오라는 뜻이라는 것을 곧 알아차리고 뒤따라갔다.

산 7부 능선에 다다른 지장보살님이 손을 펴서 작은 거북이 한 마리를 땅 위에 내려놓으니, 거북은 이리저리 한참 기어다니다가 땅에 구멍을 파고, 그 속으로 들어가 버렸다.

다음 날 아침 스님은 꿈에 본 곳으로 올라가 보았다. 너무나 꿈이 생생해서 거북이가 파고 들어간 지점을 찾을 수 있을 것만 같았다. 잡초를 헤치고 이리저리 찾고 있는데, 풀숲에 놀랍게도 지난밤에 거북이가 파고 들어간 것과 비슷한 작은 구멍이 있지 않은가!

도림사의 지장보살

스님은 확신을 갖고, 그곳을 팠다. 그랬더니 거기서 사시사철 마르지 않는 좋은 물이 많이 나와서 지금은 그 물로 식수, 생활용수 등 모두를 충당하고 물 걱정 없이 살고 있다.

우물이 완성되고 몇 달이 지나자, 스님 꿈에 지장보살님이 또 나타나서 이번에는 금붕어 3마리를 절 입구 잔디 위에 내려 놓고 가신다. 스님은 그 자리에 작은 연못을 만들어서 지금껏 금붕어를 기르고 있다. 물이 너무 좋아서 금붕어는 특별한 관리를 하지 않아도 생기 있게 잘 살고 있다.

2) 귀에서 소리 나는 병을 고친 재일 교포

재일 교포 차□식 씨는 오래도록 일본에 살다가 90년도 봄 한국으로 돌아와서, 지금은 부산시 동래구 명륜동에 살고 있다.

일본에서는 사업에 성공해서 돈도 좀 벌었고, 한때는 민단의 간부직도 지낸 유능한 사람이다.

7년 전 본부인이 죽은 뒤로 한국에 나와 살고 있다. 일본에 있을 때 노후에는 한국에 와서 살려고 부인을 시켜 일본의 재산을 미리 한국으로 갖고 와서 적당한 곳에 투자를 해 놓았다. 그런데 부인이 갑자기 변을 당해 죽자, 부인이 일본에서 갖고 온 재산이 어디에 있는지 찾을 길이 없었다.

그래서 차□식 씨는 심증이 가는 곳을 모두 탐문해 보았으나 결국 재산의 행방은 알 수 없었고, 이상한 병만 얻었다.

혼자서 살기가 불편해서 5년 전에 재혼을 했다. 재혼한 지 3달 뒤, 본부인이 꿈에 나타나서 차□식 씨에게 욕을 하고 머리를 때리는 꿈을 꾸었는데, 그때부터 머리 위에서 이상한 잡음이 나며 두통이 심해서 견딜 수가 없었다.

온갖 약을 다 써 보고, 여러 병원을 다 찾아다녔으나 증상은 조금도 좋아지지 않았다.

그 후에도 꿈에 본부인이 보이기만 하면 이상하게도 좋지 않은 일이 생기고, 두통과 귓속 잡음은 더 심해지기만 했다. 절망에 빠진 차□식 씨는 어느 날 도림사에 찾아갔다.

그리고 스님의 권유에 따라 지장기도를 시작했다.

파, 마늘 등 냄새나는 음식을 먹지 않고 술과 고기를 삼가고 부부 관계를 하지 않고, 정성을 다 해서 스님과 함께 새벽 예불도 올렸다. 어느 날 아침, 법당에서 혼자서 절을 하는데 그날은 기분이 좀 좋아서 절을 많이 하기로 결심하고 30번 쯤 절을 하고 그만 두려고 했다.

그런데 누군가가 뒤에서 "108배를 해라! 108번 절을 해라!" 하였다.

뒤돌아보니 사람이라고는 아무도 없었다. 그는 놀라움과 두려운 생각이 들었다. 그러나 열심히 108배를 올렸다.

스님에게 그 이야기를 하였더니 스님은 그저 가만히 미소 짓기만 하였다. 7일 기도를 마친 날 새벽, 차□식 씨는 이상한 꿈을 꾸었다.

그의 본부인이 커다란 붉은 연꽃을 손에 들고 골프장보다 더

널찍한 잔디밭을 천천히 걸어서 산 위로 올라가는 꿈을 꾸었다.

그 꿈을 꾼 다음부터 두통도 없어졌고 머리 위에서 나는 소리도 없어졌다.

차□식 씨는 모두가 도림사 지장보살님의 덕이라고 생각하고 지금도 매월 지장제 일에는 도림사에 나가 지장보살님께 열심히 기도를 올리고 있다.

수덕사의 현판

수덕사의 현판

수덕사(修德寺)에 다녀왔다.

수덕사는 유서 깊은 고찰로서 백제 말 숭제법사(崇濟法師)께서 창건한 절이다. 내가 절을 찾는 목적은 여러 가지가 있는데 그 중에서 주련(柱聯)의 글을 찾는 것도 중요한 목적 중 하나이다.

일주문에 있는 「東方第一禪院」이라는 글자부터 크게 마음을 끌었다.

특히 모(方) 자는 마치 사람이 온몸으로 천상(天上)과 천하(天下)를 가리키는 듯 그 형상이 여간 재미있는 것이 아니었다.

동(東) 자도 거북이가 살아서 해를 향해 기어가는 듯 살아서 꿈틀거리는 것만 같고, 선(禪) 자 또한 해와 달을 머리에 이고 있는 방채 아래 사람이 다소곳이 생각에 잠겨서 서 있는 듯한 모습이 선승의 정진(精進)을 형상화한 것만 같다.

일(一) 자를 쓴 위치도 으뜸이라는 의미가 잘 나타나게 가장 상단에 쓴 슬기에 정말로 감탄하였다.

원(院) 자도 큰 담장 옆 지붕 아래 사람이 서 있는 듯 보여, 집을 잘 나타내고 있는 듯하다.

거기에다 글자 한자 한자가 그럴 수 없는 명필이고 전체의 균형 또한 한 치의 흐트러짐이나 어긋남이 없음이 실로 놀랍고 경이로울 뿐이다.

나는 이 현판 앞에 서서, 이렇게 좋은 것을 보면서도 그 진가를 아는지 모르는지 그저 그 밑을 바삐 지나가는 많은 사람들의 행렬(行列)에 밀리면서도, 한없는 상념에 잠겨 오래오래 글의 내용과 글자를 감상(鑑賞)하느라 자리를 뜰 줄 몰랐다.

「덕숭총림(德崇叢林)」이라는 현판도 또한 그럴 수 없이 정겨운 필치로 적혀 있어서 발길을 뗄 수가 없는 큰 감명을 받았다.

'총림(叢林)'이란 원래 산스크리스트어에 Vindhyavana라는 말을 번역한 말인데, 중국에서는 빈타바나(貧陀婆那)라고도 기록한다.

그 뜻은 많은 승속(僧俗)이 화합하여 한곳에 살고 있음이 마치 수목이 우거진 숲과 같다고 하여 이렇게 이름 한 것이다.

많은 사람이 함께 살려면 서로 사랑하고 이해하고 화합해야 하며 절대로 모나고 이기적이어서는 아니 될 것이다.

그래서인지 그 글씨체 또한 그러한 상징적인 뜻에 잘 부합하

<동방제일선원> 현판 글자는 볼수록 묘하다.

종강의 목어

도록 너무나 온유하고 부드럽게 써 있어 보고만 있어도 정이
철철 넘치는 것만 같았다.

　명필은 그 작가의 혼이 시공(時空)을 초월하여 이심전심(以
心傳心) 마음과 마음으로 전해져 오는 듯 한없는 감명을 준다.
　그리고 종각에는 다음과 같은 주련이 적혀 있었다.

三界猶如扱井輪(삼계유여급정륜)
百千萬劫歷微塵(백천만겁역미진)
此身不向今生度(차신불향금생도)
更待何生度此身(갱대하생도차신)

　흘러가는 세월 속에 물 흐르듯 바람 불듯 내려 갈겨쓴 이 글
자체를 보고 있으면 세월의 무상함을 뼈저리게 느끼게 된다.
글의 내용을 표현하는데 그 서체까지 고려해서 적재적소에 배
당한 선인들의 슬기와 깊은 뜻에 새삼 감동할 따름이다.
　주련 글의 뜻은 대략 다음과 같다.

　'삼계(三界) 즉 전생과 현세 그리고 내세가 돌고 돌며 윤회
하는 것이 마치 우물에서 물을 푸는 두레박과 같아서 백천만억
년(百千萬憶年)을 지나도 그치지를 아니한다.
　그러니 사람의 몸으로 태어난 금생(今生)에서 깨달음을(度)
이루지 못한다면 또한 어느 세월에 다시 사람의 몸을 받아 이
세상에 태어나서 이 몸을 제도(濟度)하리요' 라는 뜻이다.

위 글 중에서 겁(劫)이란 긴 시간의 단위로서 일겁(一劫)은 가로 세로 높이가 각각 40리나 되는 커다란 통 속에 겨자씨를 가득 채우고 3년마다 하늘 새가 하늘에서 내려와서 그 씨앗을 한 개씩 물고 하늘로 올라갈 때, 그 씨앗을 전부 물고 올라가는 데 요하는 긴 시간을 일 겁이라고 한다(1겨자겁).

‘도(度)’라는 말은 불교에서 건너다, 건네주다, 생사의 바다를 건너 미혹의 세계로부터 깨달음의 세계로 이르는 것을 도(度)라고 하는 것이다. 그러므로 도세(度世)라는 것은 출세간(出世間), 출가(出家)라는 말과도 같은 것이다

전국에는 수덕사(修德寺) 말고도 귀중한 고찰이 많이 있다.

거기서 풍기는 문화의 향기는 종교를 떠나서라도 우리에게 커다란 감명을 주고 영혼을 맑게 해주며, 또한 정묘무비(精妙無比)한 문화의 향기는 지상의 영상(映像)을 그것 그대로 불구불멸(不俱不滅)인 천상에 보화(寶貨)로 승화(昇華)시켜 영혼의 세계와 닿게 한다.

그래서 나는 시간만 허락하면 향기 높은 고찰을 찾는 것이다.

19 밀교풍의
청렴암 지장보살

청렴암 지장보살

범어사 바로 뒤에 자리 잡은 이 암자는 가람의 규모가 너무 커서 어떤 절의 부속 암자라고 하기에는 부적당할 정도다.

크기로 보아 독립된 하나의 사찰로서의 면모를 완전히 갖추고 있기 때문이다. 이 암자를 처음 찾는 사람은 두 가지 사실에 관심을 갖게 되는데, 첫째는 벽에 그려진 여러 가지 무술(武術) 동작 그림이다.

태권도의 동작과 비슷한 이 벽화의 그림을 보고 있으면 옛날 달마선사의 영향을 받아서 생겨난 소림권법이 연상된다.

법당 벽에는 도를 이루어 나가는 데 따라 움직이는 마음의 작용을 벽화 그림으로 그려 놓았는데 그림의 내용이 너무나 신비롭다.

벽화뿐만 아니고 절 한쪽 전각에서는 실제로 무예를 닦는 사

청렴암의 벽화

람들의 날카로운 기합 소리가 들려온다.

둘째는 노천에 안치된 이색적인 지장보살 상일 것이다.

청동으로 조성된 많은 지장보살과 그 시자들은 다른 절에서는 찾아볼 수 없는 색다른 감동을 안겨 준다.

1) 밀교 지장보살의 세계

인도에서 발생한 불교는, 전파되는 나라에 따라 여러 가지 다른 형태로 발달되었는데 그 가운데서도 네팔과 티베트 등으로 전파된 인도불교는 그 지방의 토속신앙과 결부되어 밀교(密敎) 쪽으로 크게 발달되었다. 여러 가지 이상한 주문(呪文)과 이상한 의식(儀式)들은 신비롭기만 하다. 불상(佛像)도 우리들 눈에 익혀 온 형상과 많이 다르다.

우리나라에서는 예로부터 지장보살 상은 머리를 깎은 까까머리로 표현되며 손에는 석장(錫杖)을 짚는 것이 일반적인데, 라마교나 밀교에서는 그렇지가 않다.

일본에도 밀교의 영향을 받은 지장보살 상이 있다. 그런데 그들 일본 사람들의 주장에 의하면 우리나라에는 밀교의 영향을 받은 밀교풍의 지장보살 상은 한 분도 없다고 한다.

그러나 범어사 청련암에는 예로부터 밀교풍의 지장보살 석상(石像)이 있었다고 한다. 그래서 현 주지스님은 예로부터 있던 그 부처님을 더 웅장하고 거룩하게 재현했다고 한다. 지장

보살 옆에 모셔진 많은 불상들은 여섯 분의 지장보살시자(地藏菩薩侍者)와 지옥을 다스리는 많은 보살과 판관(判官), 그리고 여러 가지 모습으로 나타나시는 많은 지장변신상(地藏變身像)을 한자리에 모신 것이라고 한다.

청동으로 노천에 대군단을 이룬 지장계(地藏界)를 바라보고 있으면 신심이 저절로 난다.

지옥의 사자

죽은 사람을 살린
불영사 부처님

소재지_ 경상북도 영덕군 울진

천사 약사여래불

경상북도 울진에는 불영사(佛影寺)라는 절이 있다. 절 앞에 있는 연못에, 앞산 바윗돌 위에 서 계신 부처님의 모습이 비친다 하여 그림자 '영(影)' 자를 쓰지만, 또 다른 한편으로 이 절에서 신령스런 영험이 있었다고 하여 신령스러울 영(靈) 자를 써서 불영사(佛靈寺)라고도 한다.

1) 죽은 사람을 살린 불영사 부처님

조선 중기, 서울 남산골에 백극재(白克齋)라는 선비가 있었다.

그런데 백극재는 오로지 책만 읽을 뿐, 생업에는 도무지 관심을 두지 않아 집안이 가난하기가 말로 다 형용할 수가 없을 지경이었다.

하는 수 없이 그의 아내 강씨 부인은 친정을 드나들며 구걸을 하다시피 하여 겨우 생계를 이어가면서도 남편에 대한 불만은 갖지 않았다.

또한 결혼 전에는 친정어머니를 따라 절에 다녔으나, 출가 후 집이 가난하여 절에 다니기가 어려워지자 혼자 집에서 열심히 기도하고 염불하였다.

그녀는 기도를 할 때마다 절에 가지 못하는 것을 죄송하게 생각하면서 부처님께 서원하기를 "부처님, 죄송합니다. 그러나 제 남편이 벼슬하면 잊지 않고 꼭 부처님께 공양도 올리고, 공부하는 스님들 시봉도 들고, 불사에 필요한 많은 것들을 성심껏 보시하겠습니다.”

이러한 강씨 부인의 정성이 헛되지 않아 이듬해 남편 백극제는 장원급제를 하여 경상도 울진 현감으로 부임하게 되었다. 그런데 호사다마라고나 할까. 그렇게 건강하던 남편이 부사로 부임한 지 3일 만에 이렇다 할 병세도 없이 그대로 죽고 말았다.

비통함을 이기지 못한 그의 부인은 몸이 채 식지 않은 남편의 시신을 불영사 법당 앞으로 옮겨 식음을 전폐한 채 7일을 밤낮으로 기도를 하였다.

“부처님! 제 남편을 다시 살려 주십시오. 부처님의 영험으로 가난을 벗고 현감이 되어 부처님의 은혜를 갚고자 하였는데, 이렇게 죽는다면 너무나 억울하옵니다. 부디 제 남편을 살려 주옵소서.”

부사의 부인은 지극히 간절한 마음으로 밤낮을 잊고 7일 동안 기도를 올렸다. 그러다가 마지막 날, 자신도 모르는 사이에 깜박 잠이 들었는데, 꿈속에서 붉은 머리를 산발한 여자가 남편의 몸에서 툭 나오더니 불쾌한 얼굴로 소리쳤다.

“에잇, 지독하다, 지독해! 나와 저이는 구생(九生)에 원한을 맺은 원수인 고로 어느 때 어느 곳에서도 세상의 낙(樂)을 받지 못하도록 방해를 했었는데, 부인의 간절한 기도에 부처님이 감응하셨으니 나는 이제 구생의 원한을 풀고 간다.”

이렇게 말을 마친 원귀(怨鬼)는 하늘로 둥둥 떠서 연기처럼

선인들이 소원을 빌던 성황당

사라져 갔다.

깜짝 놀라 깨어나서 보니 죽었던 남편이 부스스 눈을 뜨는 것이었다. 기쁨을 이기지 못한 그들 부부는 다시 살아난 그 자리에 환생전(還生殿)을 짓고, 법화경(法華經) 7권을 금자(金字)로 사경(寫經)하여 부처님 은혜에 보답하였다고 한다.

이 이야기는 이문명(李文命)이 쓴 불영사의 환생전기(還生殿記)에 기록되어 있는 내용이다.

불보살의 전설

소재지_ 경북 안동시 서후면
자품리 학가산에 있는 절

광흥사 우물

광흥사(廣興寺)는 고려 시대에 세워진 오래된 절로 주변에 있는 약수터와 동대마당, 입구에 있는 은행나무에는 다음과 같은 이야기가 전해 오고 있다.

1) 호랑이가 데려다 준 약수터

광흥사에서 그리 멀지 않은 곳에 약수가 있는데 사계절 물이 마르지 않고 위장병과 피부병에 좋아 많은 사람들이 찾고 있다.

옛날 한 처녀가 원인 모를 병에 걸렸다. 백방으로 노력하며 치료했으나 병이 도무지 낫지 않았다. 생각 끝에 부처님의 법력(法力)을 빌어 신병을 치료하고자 광흥사의 동대등 옆에 위

광흥사 대웅전

치한 비구니 사찰로 들어갔다.

어느 날 밤 사찰 밖으로 나와 바위 위에 가부좌를 한 채 병을 고쳐 달라고 기도하고 있었다.

그때 난데없이 집채만 한 호랑이 한 마리가 나타나 처녀를 물어다 약수터 물에다 빠트리고는 어디론가 가버렸다. 가까스로 정신을 차린 처녀는 갑자기 자신의 몸이 한없이 가볍고 이

때까지 느껴보지 못한 상쾌한 느낌을 받았다.

이상히 여긴 처녀는 그 물을 마시고 몸을 깨끗이 씻었다. 원인을 알 수 없이 그토록 자신을 괴롭히던 병이 깨끗이 나았음을 알 수 있었다. 부처님의 은덕이라 생각한 처녀는 그곳에서 비구니가 되었다.

그러다가 언제인가 그 처녀는 비구니 사찰에서 흔적도 없이 사라져 버렸다. 그것은 호랑이와 이 처녀가 천상의 인연이 있어 호랑이가 처녀를 데려간 것이라 전해 오고 있다.

2) 상여꾼들을 쫓아 버린 응진전(應眞殿) 나한

광홍사 응진전에서 10여m밖에 떨어지지 않은 산정마루에 동대마당이 위치하고 있는데 약 3백여 평의 개펄을 이루는 곳으로 지금도 광홍사에 행사가 있을 때마다 신도들이 이곳에 와서 놀이를 하고 있다.

지금부터 약 70년 전 예천군 예천읍 본리동에 살던 주(周) 모씨가 죽었다. 그의 사위인 김달성이라는 사람은 장인 묻을 곳을 찾다가 광홍사에 중으로 가장하여 들어가서는 천하명당이라 일컫는 이 동대동 광장에 장인을 묻기로 결심하고 자기 처남과 함께 어느 여름날 광홍사의 스님들과 모든 사람들이 잠든 시각에 풍수를 데려다가 묻을 자리를 정한 후 20여 명의 장례꾼들로 하여금 광장 복판에 구덩이를 파기에 이르렀다.

그런데 그때 난데없이 공중에서 귀를 찌르르하게 하는 불호령 소리와 함께 "어느 중생들이 감히 이 신성한 불지를 더럽히려 하는고." 하며 꾸짖는 소리가 들리더니, 수십 명의 고승들이 영롱한 빛을 뿌리며 나타났다.

일꾼들은 모두 이 신비한 스님들의 출현에 그만 혼비백산하여 도구며 시체가 든 관을 내팽개치고 도망가 버렸다.

그러자 그 스님들도 광홍사로 들어갔다. 당시 광홍사의 도고 대사 등 10여 명의 스님들이 잠을 자다가 꿈자리가 하도 어지럽고 불결해서 똑같이 잠에서 깨어났다. 광장에 가 보았더니 매장 도구들과 시체를 버리고 도망간 흔적을 발견하게 되었다.

며칠 뒤 스님들은 매장꾼들의 이야기를 듣고 바로 응진전 나한들이 스님으로 화해서 매장꾼들을 쫓고 이곳에 묘를 못 쓰게 했다는 사실을 알게 되었다.

3) 은행나무와 구렁이

광홍사로 들어가는 입구에는 6백여 년 묵은 은행나무가 있는데 나무의 속은 썩어서 큰 구렁이가 그 나무 둥지 속에 자리 잡고 은행 열매를 따 먹으며 산다는 이야기가 전해진다.

지금부터 약 10년 전에 어떤 주지가 김 모라는 사람에게 은행 열매를 팔았다. 추수기를 맞은 김씨는 은행나무에 올라가 은행을 따려다가 나무 둥지 속에서 형용할 수 없이 큰 구렁이의 눈이 치솟으며 서광을 비추는 바람에 기절을 하여 나무에서 떨어졌으나 다행히도 생명은 구했다고 한다.

이 구렁이는 은행이 익으면 그 것을 따 먹으며 좀처럼 사람들 눈에는 띄지 않는다는 것이다. 당시의 모 주지의 말에 의하면 은행나무에서 불과 12미터 정도 떨어진 곳에 큰 샘이 있는데, 거기에서 서광이 비추는 것을 보고 내려가 보니 구렁이가 샘물을 마시고 나무로 돌아갈 때, 그 큰 구렁이의 비늘이 일주문 단층 색과 맞닿아 번득이고 있었다고 했다.

지금도 은행나무의 남쪽 썩은 부위에는 구렁이가 오고 갔는지 반질반질하게 길이 난 흔적이 있고 어둠이 내리면 그 부근은 사람들이 가까이 가길 꺼린다고 한다.

광흥사 석탑

깨어진 옥등

소재지_ 인천광역시 강화군 삼산면
매음리 낙가산(洛迦山)에 있는 절

보문사 이 절은 우리나라 3대 관음영지(觀音靈地) 중의 한 곳이며 절의 차건에는 다음과 같은 연기설화(緣起說話)가 전해지고 있다.

1) 창건 설화

635년(선덕여왕 4년) 4월, 강화 삼산면에 살던 한 어부가 바다에 나가 늘 하던 대로 그물을 던졌더니 그날은 고기는 잡히지 않고 인형 비슷한 돌덩이 22개가 그물에 걸려 올라왔다. 고기가 잡히지 않아 실망한 어부는 돌덩이들을 즉시 바다로 던져 버리고, 다시 그물을 쳤지만 역시 건져 올린 것은 돌덩이뿐이어서 다시 돌을 모두 바다에 던졌다.

　그날 밤, 어부의 꿈에 한 노승(老僧)이 나타나서 어부에게 하는 말이 "몹시 귀중한 것을 주었는데도 바다에 두 번씩이나 던졌으니 마땅히 책망을 받아야 하리라." 하면서, 내일 다시 돌덩이를 건지거든 명산(名山)에 잘 봉안(奉安)해 줄 것을 당부하고 사라졌다.

　다음 날 다시 22개의 돌덩이를 건져 올린 어부는 노승이 일러 준 대로 낙가산(洛迦山)으로 이들을 옮겼는데, 현재의 석굴(石窟) 부근에 이르렀을 때 갑자기 돌이 무거워져서 더 이상은 나아갈 수 없었다.

그래서 어부는 "바로 이곳이 이 돌을 모실 영장(靈場)이구나." 하고는 굴 안에 단(壇)을 모아 22개의 돌을 잘 모시게 되었다고 한다.

그 뒤 신라 시대의 역사는 자세히 전하지 않으나, 고려 초기에 금강산 보덕굴(普德屈)에서 관음진신(觀音眞身)을 친견한 회정(懷正)이 이곳에 와서 불상을 살펴보니, 가운데 좌상(坐像)은 석가모니불, 좌보처는 미륵보살, 우보처는 제화갈라보살이었고, 나머지는 18나한상과 송자관음이었다.

회정은 이 22존(尊) 중 삼존불(三尊佛)과 18나한(羅漢)은 굴 속에 모시고 송자관음은 따로 관음전을 지어서 봉안한 다음 이 절을 낙가산 보문사라고 하였다 한다.

2) 깨어진 옥등

보문사에는 고려 왕실에서 왕후(王后)가 보내 준 옥등(玉燈)이 있었는데 절에서는 매우 소중하게 다루었고, 이 옥등은 그 이후로 석굴법당(石窟法堂)의 인등용(引燈用)으로 사용되어 왔다고 한다.

그런데 옛날 석굴법당을 청소하던 어린 사미스님이 어느 날 이 옥등의 먼지를 털고 깨끗이 닦다가 실수로 그만 석굴법당

바닥에 떨어뜨렸다. 그래서 옥등은 마치 칼로 자른 것처럼 용
케도 두 조각으로 잘라져 버렸는데, 옥등 속에 담긴 기름이 흘
러내려 바닥을 흥건히 적셨다.

옥등은 절에서 아주 귀히 여기는 것이었으므로 사미스님은
자신의 잘못이 얼마나 큰 것인지 알고도 남았다. 어린 사미스
님은 울면서 주지스님에게로 뛰어가 옥등을 깬 일을 보고했다.

주지스님도 크게 놀라며 하시는 말씀이 "저런! 그 옥등은 우
리 절의 보물이야. 이 일을 어쩐단 말인가! 이미 깨져 버린 건
할 수 없지만 ……." 하시면서 매우 걱정을 하셨다.

그리고 사미스님을 앞세우고 주지스님이 황급히 석굴법당
안으로 들어섰다.

그런데 이상하게도 석굴 안이 훤하게 밝았다.

석굴을 밝히는 옥등이 깨어졌으니 굴(屈) 안이 어두워야 했
건만 불이 켜져 있는 것이었다.

그때 주지스님의 머리에 언뜻 떠오르는 것이 있었다. 급히
달려가 불 켜진 등을 만져 봤더니 바로 옥등이었다.

주지스님은 사미스님을 돌아보고, 사미스님은 주지스님을
쳐다봤다. 주지스님의 입에서 감탄사가 튀어나왔다.

'아, 나한성중(羅漢聖衆)이 붙여 주셨구나!'

주지스님은 옥등을 만지고 또 살펴보니 깨어진 것처럼 옥등
에 금이 나 보였다. 그러나 그 옥등은 깨어진 것이 아니었고 기
름도 흘러나오지 않았다. 완전히 두 조각으로 깨어져 버린 옥
등이 이렇게 완전히 다시 붙다니!

굴 안은 아무 일도 없었던 것처럼 고요하기만 했고, 불단에 모셔진 나한상들도 움직인 흔적이 없었다.

주지스님은 석불 바닥에 흘렸다는 기름을 찾아보았다. 그러나 사미스님이 가리킨 곳에는 아무런 흔적이 없었다. 그러고 보니 옥돌 잔의 불은 전보다 더 밝고 기름도 하나 가득 차 있는 것이 아닌가!

주지스님과 사미스님은 나한님 앞에 정례(頂禮)를 올리고 '제대아라한무량자비성중(諸大阿羅漢無量慈悲聖衆)'을 되뇌었다.

이 옥등은 최근까지도 보문사의 보물로 보존되어 있었다고 하는데 지금은 남아 있지 않다고 한다.

보리암 관음보살

보리암 관음보살

남해 금산 보리암은 원효(元曉)대사가 그곳에서 관음보살의 진신을 친견(親見)하고 신라 32대 신문왕(神文王) 3년(서기 983)에 창건한 관음도량이다.

당시의 산 이름은 보광산(普光山)이며, 이성계가 지금 부르는 금산(錦山)으로 산 이름을 고치고 그 뒤에 절 이름도 보리암으로 고쳤다는 것이다.

1) 이성계를 도운 보리암 관세음보살

조선왕조를 창업한 이성계가 등극하기 전에 큰 뜻을 품고 팔도강산의 명산을 찾아다니며 기도를 올렸는데, 보광산(普光山)에 와 보니 산수가 수려하고 그 영기(靈氣)가 뛰어나 거기

보리암 뒤 기암

서 백일기도를 올렸다고 한다.

100일째 되던 날 밤 꿈에, 관세음보살이 금척(金尺)을 하나 주었는데 그것을 받으며 마음속으로 무척 기뻐했다고 한다.

그 뒤에 많은 우여곡절 끝에 이성계(李成桂) 장군은 과연 큰 뜻을 이루어 조선왕조를 창업하게 되었다.

왕위(王位)에 오른 이성계 장군는 이러한 영광이 모두 보광산의 관세음보살 가피력으로 이룩된 것으로 생각하고, 그 은혜를 갚기 위해 관세음보살이 계시는 보광산을 비단으로 둘러싸 드리고 싶었다.

그러나 실제로 산을 비단으로 싼다는 것은 불가능한 일이었다.

그래서 산 이름을 비단 금(錦) 자를 따서 금산(錦山)이라고 고쳤다는 이야기가 전하고 있다.

절 이름을 보리암이라고 고친 것은, 이 보광사에서 진실한 신심(信心)으로 관음기도를 하면 반드시 보리(菩提 즉 正覺)를 이루게 된다고 해서 보리암(菩提庵)이라고 한 것이라 한다.

24 천은사(泉隱寺)의 감로수(甘露水)

{ **소재지_** 전라남도 구례 광의면 방광리 지리산(智異山)에 있는 절

천은사(泉隱寺)

화엄사·쌍계사와 함께 지리산 3대 사찰의 하나로서, 828년(흥덕왕 3년) 인도 승려 덕운(德雲)이 창건한 절이다. 처음에는 절 이름이 앞뜰에서 솟아나는 맑은 샘물을 마시면 정신이 맑아진다고 하여 감로사(甘露寺)였다.

명산 중에 명산인 지리산 자락에 자리 잡은 이 절은 주변 경관이 좋기로도 이름이 높다. 지리산의 정기가 모두 이 고찰에 모여드는 듯, 공기도 맑고 물도 맑아 한번 경내에 발을 들여 놓으면 나가기가 싫도록 아늑하고 포근하다.

1) 뱀을 죽이자 수맥이 끊어져 우물물이 마르다

처음 창건한 당우는 임진왜란의 전화로 완전히 불타 버렸으

나, 1610년(광해군 2년)에 혜정(惠淨)선사가 중창하였고, 1679년(숙종 5년)에 단유(袒裕)가 중건하여 절 이름도 천은사(泉隱寺)라고 고쳤다.

중건 당시 감로사(甘露寺)에는 목수와 토공을 비롯해서 많은 일꾼들이 모여들어 절을 짓는 큰 사업에 성과 열을 다 하고 있었다.

  그런데 인부들이 일을 하다가 목이 말라 물을 마시러 샘물가에 가면, 어디서 왔는지 큰 구렁이가 자주 나타나서 사람들을 놀라게 해서 다들 목이 말라도 샘물가에 가기가 두려웠다.

  뱀을 죽이려 해도 사찰 안에서 살생을 하기가 두려워 아무도 선뜻 뱀을 해치지 못하고 그저 뱀을 피해 다니며, 뱀이 나타나면 물러서 뱀이 사라지기를 기다렸다 물을 얼른 마시고는 황급히 그 자리를 떠났다.

  그리하여 뱀 때문에 작업 능률이 매우 떨어지고, 속히 진행되어야 하는 공사에 막대한 차질과 지장이 생겼다.

  일의 진행을 지켜보고 지휘하던 한 젊은 스님이 더 이상 가만히 있을 수가 없어 그만 큰 삽으로 뱀을 죽이고 말았다. 그런데 그 뒤로 뱀은 나타나지 않았지만, 맑고 시원한 물이 솟아나는 샘의 물이 다시는 솟아나지 않고 물이 숨어 버렸다고 한다.

  그리하여 절 이름도 샘이 숨었다 해서 천은사(泉隱寺)로 바꾸게 되었다 한다.

  절 이름을 바꾼 뒤에도 이상하게 이 사찰에는 원인 모를 화재가 자주 일어나서 절에 큰 걱정거리가 되었는데, 재화가 끊이지 않자 사람들은 절의 수기(水氣)를 지켜 주는 뱀을 죽였기 때문이라며 두려워하였다.

  그래서 그때 조선 4대 명필의 한 사람인 이광사(李匡師)가 물이 흐르는 듯한 수체(水體)로 지리산천은사(智異山泉隱寺)라는 글씨를 써서, 절에 부족한 수기(水氣)를 불어넣은 현판

수체로 쓴 지리산 천은사 현판

(懸板)을 일주문에 걸게 한 뒤로는 끊어졌던 수기(水氣)가 살아났는지 다시 화재가 일어나지 않았다고 한다.

지금도 새벽녘의 고요한 시간에 일주문에 귀를 기울고 잘 들으면 현판 글씨에서 신비한 물소리가 아련히 들린다고 전하여 내려온다.

25 낙산사(洛山寺)에서 만난
관세음보살

관세음보살

금강산, 설악산과 함께 관동 3대 명산의 하나로 손꼽히는 오봉산 자락에 자리 잡은 낙산사는 산속에 있는 다른 절과는 달리 동해(東海)의 푸른 바다가 바로 눈앞에 펼쳐지는 언덕 위에 자리 잡고 있어 사찰을 참배하고 넓은 바다를 바라보면 속세에 막혔던 마음이 시원하게 열리는 듯 가슴이 넓어진다.

그리고 이곳은 관세음보살이 늘 머무는 우리나라 3대 관음도량으로, 절 이름도 관음도량인 보타낙가산에서 그 이름이 유래한 것으로, 역대로 지위와 신분을 떠나 관음진신을 친견하려는 참배객들의 간절한 발원이 끊이지 않고 이어져 왔다.

1) 의상(義湘)과 원효(元曉)가 만난 관음진신(觀音眞身)

의상(義湘)이 당(唐)나라에서 도를 깨치고 돌아와, 산세를 살펴보았더니 낙산(洛山) 해변(海邊) 굴에 대비관음(大悲觀音)의 진신(眞身)이 산다는 것을 알게 되었다.

그리하여 의상(義湘)은 그곳에 가서 재계(齋戒)하고 기도한 지 7일 만에 용(龍)으로부터 구슬을 하나 받았다.

거기에 만족하지 않고 일념으로 관음(觀音)을 친견(親見)하고자 다시 재계(齋戒)한 지 7일 만에 그렇게도 바라던 관음(觀音)의 진신(眞身)을 친견할 수가 있었고, 또한 설법(說法)을 들을 수가 있었다.

환희심(歡喜心)이 넘치고 법열(法悅)에 깊이 잠긴 그는 그곳에다 금당(金堂)을 짓고 낙산사(洛山寺)라 이름짓고는 용(龍)에게 받은 구슬을 그곳에 두고 떠났다.

그 뒤에 원효(元曉)가 의상(義湘)이 낙산(洛山) 해변(海邊)에서 관음(觀音)을 친견했다는 소식을 듣고 자기도 관음을 친견하고자 그곳을 찾아가게 되었다.

숲과 풀로 가리어 길을 잘 알 수가 없었는데, 가는 도중 길가에 벼 베는 여자가 있어서 낙산(洛山)으로 가는 길을 물었다. 그리고 마침 배가 고파 벼를 좀 달라고 하자 그 여자는 "익은 벼는 없고 쭉정이뿐입니다."라고 하였다.

원효(元曉)는 할 수 없이 그냥 지나갔는데 이번에는 냇가에서 월수백(月水帛: 개짐, 월경대)을 빠는 여자를 만났다.

많은 전설을 지니고도 말없는 미륵불

목이 마른 원효가 마실 물을 좀 달라고 청하자, 그 여자가 개
짐 빤 물을 주어서 원효(元曉)는 불결하다고 그 물을 버리고
냇물을 떠서 마셨다.

그런데 원효가 낙산에 이르러서 알고 보니 그 두 여자가 바
로 관음(觀音)의 진신(眞身)임을 알게 되었다.

원효(元曉)는 어렵게 관음(觀音)의 진신을 만나고도 알지 못
하고 지나쳐 버린 것이다.

26 호성암(虎成庵)과 호랑이의 인연

소재지_ 전북 남원시 사매면 서도리 뒷산

호랑이의 인연

옛날에 어느 도승이 남원의 산천을 두루 구경하면서 아름다운 풍경에 심취해서 돌아다니다가 사매면의 한 골짝에 이르렀는데, 때는 마침 봄이라 도처에 아름답게 핀 아름다운 꽃들을 바라보며 과연 남국의 경치가 아름답구나! 하고 감탄하고 있었다.

그런데 그때 갑자기 도승 앞에 커다란 호랑이 한 마리가 나타났다. 도승은 깜짝 놀라, '이제는 죽었구나!' 하고 조용히 염주를 돌리며 "나무관세음보살, 나무관세음보살……"을 되풀이했다.

그런데 마음을 가라앉히고 잘 살펴보니, 호랑이가 도승을 해치려는 것이 아니고 무엇 때문인지 몹시 괴로워하고 있는 듯한 표정을 하고 있었다.

호랑이는 입을 크게 벌리고 신음 소리를 내며 연신 목을 흔드는 것이었다.

도승은 겁이 났지만 다가가서 목 속을 살펴보니 무슨 짐승 뼈 같은 것이 목에 걸려 있었다. 도승이 입에 손을 넣어 목에 걸려 있는 뼈를 빼주니 호랑이는 고맙다는 듯 머리를 조아리더니 어디론가 사라져 버렸다.

그로부터 며칠 뒤 호랑이는 새벽에 한 처녀를 물고 와 도승 앞에 내려놓더니 어디론가 사라지고 말았다.

처녀는 죽은 듯 움직이지 않았다. 대사는 기겁을 하며 그 처녀를 살펴보니 죽지는 않고 호랑이에게 놀라 졸도를 한 것이었다.

선승은 그 아가씨를 잘 간호해서 소생시킨 다음, 호랑이에게 물려 온 내력을 물어보았다.

처녀는 "저는 영남 진주 고을에 사는데 밤에 자다가 정신을 차리고 보니 호랑이에게 잡혀 어디론가 가고 있었습니다. 너무나 겁이 나서 그만 정신을 잃고 말았습니다. 그리고 다시 정신을 차리고 보니 바로 여기, 스님 앞입니다." 라고 하였다.

도승은 우선 처녀의 건강을 회복시킨 다음, 처녀를 데리고 먼 길을 걸어 진주로 가서 처녀의 집에 도착했다.

한편 처녀의 집에서는 밤사이에 처녀가 없어져서 걱정이 이만저만이 아니었다. 사방팔방으로 찾고 있던 중에 도승이 처녀를 데리고 오자 그 기쁨은 이루 다 말할 수 없었다.

잠시 뒤 도승으로부터 자초지종을 들은 처녀의 부모는, 딸의 목숨을 구해 준 도승에게 자기들의 전 재산의 반을 떼어 딸의

양반집 사당

목숨을 구해 준 대가로 시주를 했다.

　도승은 그 큰 돈이 호랑이로 말미암아 얻은 시주이므로, 호랑이를 처음 만난 자리에 절을 짓기로 하였다.

　그리하여 절 이름도 호랑이 때문에 이루어진 절이라는 뜻으로 호성암(虎成庵)이라고 지었는데, 불행하게도 그 뒤 화재로 암자는 타버리고 다만 암벽에 새겨진 석불의 부조(浮彫)만 남아 있을 뿐이다.

27 귀정사(歸政寺)의 대웅전

소재지_ 전라북도 남원시 산동면 대상리
천황산(天皇山)에 있는 절

대웅전

이 절은 창건 당시의 이름이 만행사(萬行寺)였는데 지금처럼 귀정사(歸政寺)로 바뀌었다. 그 까닭은 창건 후 어느 때인가 이 절에 있는 고승(高僧)의 설법을 듣고 싶어 왕이 직접 행차했다가, 그 오묘한 설법에 너무나 감동되어 나랏일을 까맣게 잊고 3일간이나 절에 머무르며 설법을 듣다가 3일 뒤에야 왕궁으로 돌아갔다는 이야기에서 찾을 수 있다.

그 뒤 왕이 왔다 간 이 일로 인해 절 부근의 산 이름도 많이 바뀌게 되었는데, 전에는 만행산(萬行山)이던 절 뒤의 산 이름도 천황봉(天皇峰)으로 바뀐 것을 비롯해서, 주위의 여러 봉우리들도 태자봉(太子峰), 승상봉(丞相峰) 등의 이름으로 불리게 되었다.

귀정사의 법당

1) 묵은 쌀을 먹기 싫은 스님들

귀정사 전성기에는 사찰의 규모가 매우 커서 불당(佛堂)이 만행산(萬行山) 일대를 메웠고 승려가 200명이 넘을 정도였으며 전국 방방곡곡에서 구름같이 참배객들이 모여드는 대규모 사원(寺院)이었다.

따라서 절의 재정도 풍부하고 물자가 늘 남아돌며, 가을에 거두어들인 쌀은 그해에 못다 먹고 창고 속에 쌓여 묵히게 되서 해마다 승려들은 햅쌀을 못 먹고 늘 묵은 쌀밥만을 먹어야만 했다. 벌레가 먹기도 하고 색도 변한 묵은 쌀밥을 먹기에 진력이 난 승려들은 불평이 대단했다.

하루는 한 도사가 절에 나타나니 젊은 스님들이 도사에게, 묵은쌀을 먹어야만 하는 불평을 늘어놓으며 좋은 방도를 알려 달라고 졸랐다.

도사는 한참 생각하다가 "대웅전을 뜰 아래로 한 단 내려 지으면 새 쌀을 먹게 될 것이다."라고 하였다. 그 말을 들은 승려들은 의논한 끝에 대웅전을 새로 옮겨 지었는데, 과연 도사의 말 대로 몇 년 사이에 묵은쌀은 줄어들고 햅쌀을 먹게 되었다.

그러나 그 대신 사세(寺勢)가 점점 줄어 신도와 참배객도 줄어들고, 사찰의 재정도 궁핍해져 갔다.

그리하여 그 절은 결국 피폐해지고 말았다. 그리고 6·25 때 이 절은 소실되고 말았는데, 그 뒤 새로 지을 때 대웅전은 본래 자리로 옮겨서 지었다고 한다.

28 관촉사(灌燭寺)
은진미륵전설

은진미륵전설

968년(고려 광종 19년) 혜명(慧明)이 창
건하였다는 이 절은 넓은 들판을 가로지르는 나직한 산 중턱에
자리 잡고 있는데, 심심산골에 있는 절과는 달리 산세(山勢)의
장엄함이 부족하다.

1) 땅에서 솟아난 바위

창건 당시 조성한 석조(石造) 미륵보살입상(彌勒菩薩立像)
에 관한 설화가 있다.

어느 봄날 산 아래 사는 한 여인이 반야산(般若山)에서 나물
을 캐는데, 어디선가 아기 우는 소리가 들려왔다. 여인이 나물
바구니를 들고 아기 울음소리를 따라가 보니, 아기는 없고 그

관촉사의 은진미록불

자리에 큰 바위가 땅에서 솟아나고 있었다.

이 소식을 들은 조정에서는 아기 울음소리를 내며 땅에서 솟은 바위로 불상을 조성하라고 혜명(慧明)대사에게 명하였다. 명을 받은 혜명(慧明)은 매일 기도를 하며 정성을 다해 불상을 조성해서 드디어 커다란 불상이 완성되었다.

대석불(大石佛)을 조성한 혜명은 그 석불이 너무 커서 일으켜 세울 방법을 몰라 고민하던 중, 어느 날 사제촌을 거닐다가 동자(童子)가 토불(土佛)을 만들어 세우는 것을 보고 비로소 석불을 세울 수 있는 방법을 깨달아 그 거대한 부처를 세웠다 한다.

불상을 완성하여 세우자 미간의 옥호(玉毫)에서 발한 빛이 사방을 비추었는데, 중국의 승려 지안(智眼)이 그 빛을 보고 좇아와 예불하였으며, 그 빛이 촛불과 같다고 하여 절 이름을 관촉사(灌燭寺)라 하였다 한다.

2) 땀을 흘려 나라의 변고를 알려 주는 은진미륵

고려 초에 만들어진 이 은진미륵은 나라에 큰 변고나 난리가 날 때마다 온몸에서 땀을 흘렸는데 그때는 손에 든 쇠 꽃의 빛깔도 탁하게 변했다고 한다.

지금까지 은진미륵이 땀을 흘린 것은 경술국치 때와 6·25동란 때인데 온몸에서 수십 말이나 되는 땀을 흘렸다고 전한다.

  금광사(金光寺)와
명랑(明朗) 스님

{ 소재지_ 경주시 탑동 나정 북쪽

명랑(明朗) 스님

옛날 경주시 탑동 나정 북쪽에 큰 못 이 있었는데 주변의 경치가 너무나 아름다웠고 특히 석양 낙조(落照)는 어디에도 비길 바 없이 아름다웠다.

사람들은 금빛같이 아름다운 경치를 지닌 곳이라고 못 이름을 '금광못' 이라 하였다.

그런데 1970년경 이 못의 물을 모두 뽑아 버리고 그 못 터를 밭으로 바꾸었다. 그때 못 가운데서 큰 절터가 발견되었는데, 절의 주춧돌로 추정되는 돌들이 줄지어 있었고, 불상의 대좌(臺座)며 석조(石造) 아미타여래상(阿彌陀如來像)이며 탑재(塔材)들과 석경(石徑) 조각들이 발견되었다.

이 곳이 바로 불상, 탑, 전각들을 모두 금으로 장식해 찬란했던 절 금광사(金光寺)의 터다.

1) 용궁에서 황금을 시주받은 명랑(明朗) 법사

신인종(神印宗)의 조종(祖宗)인 명랑(明朗) 스님은 신라 선
덕여왕(善德女王) 3년, 당(唐)나라에 들어가 약 3년간 열심히
불법(佛法)을 공부하고 도(道)를 깨달아 당대(當代)의 고승이
되었다.

공부를 마친 스님은 신라로 돌아와 포교를 할 결심을 하고
배를 타고 서해(西海)를 넘어 고향 길을 재촉하고 있었다.

배가 서해 가운데쯤 왔을 때, 한 마리 커다란 황룡(黃龍)을
만났다.

황룡은 스님이 타고 가는 배를 가로막고 스님에게 청을 하기를
"서해의 용왕께서 득도(得道)한 명랑(明朗)법사의 귀한 설법
(說法)을 듣고 싶다 하여 스님을 모시러 왔사오니 용궁(龍宮)
으로 왕림해서 용왕님께 설법을 해 주시기 간절히 바랍니다."
라고 하였다.

이에 명랑 스님은 배를 본국으로 돌려보내고, 자신은 용을
따라 용궁으로 들어갔다.

용왕은 매우 기뻐하며 정중하게 스님을 맞이하였다. 스님은
당나라에서 배우고 또한 자신이 깨달은 불법(佛法)을 알기 쉽
게 설법하였다.

용왕은 7일간이나 다른 모든 일을 중지하고 오직 스님의 법
문만을 듣고, 그 깊은 이치를 잘 배워 매우 만족하였다.

그리하여 용왕은 너무나 기뻐하며 용궁의 황금 일천 냥을 스

연꽃 위의 관세음보살

님에게 시주(施主)하였다.

　명랑 스님은 용왕의 시주를 받아 가지고 서해 물 밑을 걸어서 자기 집 우물 밑을 통해서 집으로 돌아왔다.

　그 후 자기가 살던 집을 절로 만들고, 불상과 탑, 법당(法堂)을 모두 황금으로 장식하였다. 그리하여 이 절에는 법당과 탑, 불상 등 모든 것이 눈부시게 빛나는 황금으로 장식되어 찬란한 빛을 냈으므로 절 이름도 금광사(金光寺)라 했다.

30 성도암(星道庵)의 쌀 나오는 바위

소재지 _ 전라남도 해남군 북평면에 있는 암자(庵子)

쌀 나오는 바위

전라남도 해남군(海南郡) 삼산면(三山面) 두륜산에 있는 대흥사의 산사로 암자의 규모는 그리 크지 않지만 주변의 경관이 아름답고 이 암자의 탱화가 유명하다.

1) 쌀이 나오는 바위

성도암(星道庵) 뒤에는 큰 바위틈에서 한두 방울씩 흘러나오는 맑은 물이 있다. 암자에서는 이 물을 모아서 식수(食水)로 사용하고 있는데, 맑고 시원한 석간수(石間水)이기 때문에 그 물을 받아서 1년을 저장해도 변질되거나 이끼가 끼지 않는다. 그래서 이 물을 약수라 하고 많은 사람들이 귀하게 여기며 마신다.

그런데 원래 이 물구멍에서는 물이 나오지 않고 쌀이 나왔는데, 그 분량은 성도암에 살고 있는 한 분의 스님이 하루 먹을 수 있는 분량만큼의 쌀이 나왔다고 한다.

그 쌀은 아득한 옛날부터 나왔으며, 하루도 건너는 날 없이 정확하게 나왔기 때문에 성도암의 스님은 먹고 사는 걱정 없이 오직 수도(修道)와 불공(佛供)에만 전념할 수가 있었다고 한다.

그러던 어느 날 멀리서 두 분의 손님이 왔는데, 손님을 접대하자니 바위에서 그날 나오는 쌀로는 부족하여 스님은 고민을 하였다.

바위 속에 많은 쌀이 있을 것이라 생각한 스님은 더 많은 쌀을 나오게 하려고 막대기로 구멍을 후볐다. 그러나 쌀은 더 나오지를 않았다.

그리고 그때부터 매일 나오던 쌀은 나오지 않고 쌀같이 하얀 물만 흘러나왔다고 한다.

31 / 운문사(雲門寺)의 작갑전(鵲岬殿)

작갑전(鵲岬殿)

운문사는 호거산 계곡 평탄한 곳에 있는 절이다. 사방에 수목을 심어서 울창하게 자란 녹음 속의 운문사는 비구니 도량답게 잘 정돈되고 단아하다.

봄이면 아침 햇살에 흐드러지게 피어나는 벚꽃이 눈부시고 야트막한 담장 따라 난 길 위로 벚나무 꽃가지들이 터널을 이루어, 온 세상이 모두 벚꽃 빛으로 보여 벚꽃으로 황홀경을 이루고 있다. 또한 이 절에는 해마다 막걸리를 10말이나 먹는다는 나이 많은 소나무가 있어 경내를 더욱 거룩하게 하고 있다.

1) 벼락 맞은 배나무

보양(寶壤)이 중국에 가서 불도(佛道)를 닦고 돌아오다가 서

해 용궁에 초청되어 불법(佛法)을 전하고, 용왕의 아들 이목
(璃目: 이무기)을 함께 데리고 왔다.

그리하여 보양(寶壤)은 작갑(鵲岬)에 절을 세우고, 이목은 절
옆에 작은 못을 파서 거기에 살면서 법화(法化)를 돕게 했다.

그런데 어느 해 날이 몹시 가물어서 모든 곡식이 말라 들어
가고, 모든 채소가 타들어 갔다. 사람들의 근심은 이만저만이

아니었고 장차 먹고 살 일이 큰 걱정이었다.

그래서 절의 스님이 이무기에게 부탁하여 비를 내리게 했다.

온 천지가 단비를 만나 촉촉이 젖었으며, 말라가던 곡식들도 새로 생기를 되찾고 백성들의 기쁨은 말로 표현할 수 없을 정도였다.

그런데 하늘의 옥황상제는 이무기가 자기 분수에 맞지 않는 월권을 했다고 몹시 노하여 그를 죽이려 했다. 그걸 안 이무기는 다급한 나머지 보양(寶壤) 스님에게 살려 달라고 호소를 했다.

스님은 '이목'이를 부처님을 모신 단 아래 숨게 하였는데, 그때 하늘의 사자(使者)가 절에 와서 '이목'이를 내놓으라고 하였다.

스님은 뜰 앞에 서 있는 이목(梨木: 배나무)을 가리켰다. 하늘의 사자(使者)는 그 배나무에게 벼락을 치고 하늘로 올라갔다. 벼락을 맞은 배나무는 금방 시들기 시작하였는데, 용이 한 번 어루만지니 다시 생기가 돌아 탈 없이 잘 자랐다고 한다.

그로부터 배나무는 용의 보호를 받는 나무로 알려져 많은 사람들로부터 사랑과 아낌을 더욱 받게 되었다고 한다.

2) 용이 가르쳐 준 절터

보양(寶壤)법사가 장차 호거산 일대에 허물어져 없어진 절을 다시 일으켜 세우려고 북쪽 고개에 올라가서 아래를 바라보니 뜰에 5층의 누런 탑이 있는 것이 보였다.

그러나 내려가서 탑이 있는 곳을 찾아 보면 아무리 찾아도 아무런 자취도 없어 할 수 없이 다시 올라가서 바라보니 까치가 땅을 쪼고 있는 것이 보였다.

법사가 절터를 찾으려 바다 용(龍)에게 물었을 때, 용이 작갑(鵲岬)이라고 했던 말이 생각났다. 작갑(鵲岬)이란 '까치가 있는 산골짝' 이라는 뜻이므로 까치가 있던 곳을 찾아가서 땅을 파보니 과연 거기에 예전 벽돌이 수없이 많이 있었다.

이 벽돌을 모두 모아 쌓아 올려 탑을 만들어 보니, 벽돌이 남지도 모자라지도 않게 탑이 완성되어, 그곳이 옛날의 절터임을 알았다.

그래서 거기에 절을 세우고 살면서 절 이름을 작갑사(鵲岬寺)라고 했다 하는데, 작갑사(鵲岬寺)는 운문사(雲門寺)의 옛날 이름이다.

사명당(泗溟堂)

사명당(泗溟堂)

사명당은 조선 중기 승려이며 자는 이환(離幻), 호는 사명당(四溟堂)·송운(松雲)·종봉(鍾峰) 등이다. 속성은 임씨(任氏), 속명은 응규(應奎), 본관은 풍천(豊川)으로 경상남도 밀양(密陽) 출신이다.

임진왜란이 일어나자 승병(僧兵)을 이끌고 휴정(休靜) 휘하에서 왜군과 대적, 명(明)나라 군사와 협력하여 평양성을 수복하는 등 전공을 세웠고, 적진에 들어가 왜장 가토 기요마사[加藤淸正(가등청정)]와 4차례에 걸쳐 화의담판을 하고 적정을 탐지하여 국가에 큰 공을 세워 그 이름이 영원히 빛난다.

유명한 만큼 일화도 많다.

1) 병풍의 글을 모두 암기

사명당이 일본에 사신으로 갔을 때다. 왜국(倭國)의 왕이 왜국(倭國)도 문화적으로 우수하다는 것을 과시하기 위하여 작은 글씨로 시(詩)를 병풍에 적어 사명당이 지나는 길에 진열해 놓고, 그들의 문물이 번성함을 자랑하고자 하였다.

그러나 그 앞을 지나가는 순간 그 시(詩)를 모조리 암송해 글의 내용이 창작(創作)이 아니고 모작(模作)이라는 것을 밝혀서 왜왕(倭王)의 코를 납작하게 하였다.

2) 뜨거운 무쇠 방에서도 살아남다

왜왕(倭王)은 사신으로 간 사명당을 죽일 심사로, 큰 무쇠 방에 넣고 숯불을 피워 무쇠 방을 달궈대 죽이려고 하였다.

사명당이 잠을 자려는데 방이 점점 더워지더니 나중에는 견딜 수 없이 뜨거워져서 그냥 있으면 불에 굽혀 죽을 지경이 되었다. 문을 열고 밖으로 나가려고 해 봤으나 문은 굳게 잠겨 있었다.

사명당(四溟堂)은 그 순간 이것은 자기를 죽이려는 음모라고 생각하고, '빙(氷)' 자를 천장에 써 붙이고 도술을 부려 뜨거운 방을 서늘하게 만들었다.

이만하면 죽었겠지 하고 왜왕이 방문을 열었을 때는 수염과 눈썹에 고드름이 달려 있었다.

사명당은 왜왕(倭王)에게 "어젯밤에는 방이 너무 추워 잠을
잘 잘 수가 없었다. 왜국(倭國)에서는 어찌 손님방에 불도 지
펴주지 않는가." 하고 호통을 쳤다.

3) 비를 뿌려 무쇠를 식히다

왜왕(倭王)은 무쇠 방에서 사명대사를 죽이지 못하자 이번에
는 무쇠로 말을 만들고, 그 말을 숯불로 벌겋게 달구어 놓고 이
것을 사명대사에게 타 보라고 하였다.

그러자 사명대사는 도술을 부려 갑자기 소나기가 오게 해서
벌겋게 단 무쇠 말을 식혔다.

그리고 비를 계속 내리게 하여 왜국(倭國)을 물에 잠기게 하
고, 물이 큰 홍수를 이루니 겁을 먹은 왜왕(倭王)은 그만 항복
을 하였고 매년 인피(人皮) 300장과 조공(朝貢)을 하도록 명하
고 포로로 잡혀갔던 백성들을 데리고 돌아왔다고 한다.

4) 가등청정(加藤淸正)의 머리가 보물

사명당이 왜장 사신으로 가등청정(加藤淸正)의 진영으로 들
어갈 때, 수 리에 걸쳐 기치창검(예전에 군대에서 쓰던 깃발,
창, 칼 따위를 통틀어 이르던 말.)이 나란히 세워져 있었으나
조금도 두려워하는 빛 없이 태연히 걸어 들어갔다.

　가등청정(加藤淸正)은 사명당에게 "귀국(貴國)의 보물은 무엇인가."하고 물었다.

　그러자 사명당은 "그대의 머리가 오직 큰 보물이다." 라고 했다.

　"왜 내 머리가 보물인가." 라고 하자 "너의 머리에 천금 만호(千金萬戶)의 상(賞)이 걸려 있으니 어찌 보물이 아니겠느냐."고 했다는 것이다.

실로 적장 앞에서 아무 무장도 없이 배짱 좋게 말하는 사명
당의 기백(氣魄)에 가등청정(加藤淸正)은 기가 죽어 속으로
'정말로 큰 인물이구나. 이런 인물이 조선에 있는 한 조선 정
복은 이룰 수 없을 것이다.' 하고 겁을 먹었다고 한다.

4) 사명당의 지팡이

사명당은 말년에 늘 짚고 다니던 지팡이를 꽂아 놓고 사라지며
"이 지팡이 나무가 살아 있으면 나도 살아 있고 죽으면 나도
죽는다." 했는데 신기하게도 아직까지 그 나무가 살아 있으며
봄이 오면 잎이 피고 가지가 자라 죽지 않고 있으니 사명당(四
溟堂)도 그 어디엔가 살아 있지 않을까.
어쩌면 그곳은 우리의 마음속일지도 모른다.

간월암(看月庵)

충청남도 서산시 부석면에 속해 있는 간월도는 면적 $1.87km^2$, 인구 294명(1985년 현재), 해안선 길이 11km인 작은 섬이다. 섬의 가장 높은 지점은 70m이며, 낮은 구릉 사이에 큰 마을·담배골 등의 취락이 있었다.

간월암(看月庵)은 이 섬 해안 언덕 위에 자리 잡고 있어 밀려오는 파도가 늘 절 아래에서 고운 물거품을 내며, 암자 경내에서 탁 트인 서해의 끝없는 수평선을 바라보면 막혔던 가슴마저 시원하게 열리는 듯하다.

1) 달을 보고 깨달은 무학대사(無學大師)

간월암(看月庵)은 조선 태조 때 왕사(王師)인 무학대사(無學

大師)가 세운 절이다.

무학(無學)이 이 절에서 수도를 하던 중, 바다에서 떠서 바다를 비추는 달을 보고 홀연히 도를 깨우쳐 암자 이름을 간월암(看月庵)이라 했고, 이 암자가 있는 섬 이름도 간월도(看月島)가 되었다고 한다.

불교에서는 하늘의 달을 심월(心月)이라 하여 '마음에 뜬 깨달음의 달'이라고 보는 경우가 많다. 그래서 사찰이나 암자의 이름에 월(月) 자가 들어 있는 경우가 많은데, 그런 절은 모두 선승(禪僧)의 수도 도량(道場)으로 보면 대체로 틀림이 없다.

몇 개 보기를 들면 다음과 같다.

陳月寺(진월사): 경북 영주시 평은면 학가산(鶴駕山)에 있는 절.

月精寺(월정사): 강원도 평창군 진부면에 있는 절.

月峰寺(월봉사): 울산시 동구 산 60번지에 있는 절.

2) 무학대사(無學大師)의 출생(出生)

무학(無學)은 가난한 집안에서 태어났다.

무학이 아직 어머니 뱃속에 있을 때 아버지가 살림에 쪼들려 나라에 빚을 지게 되었는데 갚아야 할 기한이 되어도 도저히 갚을 길이 없어, 돈이 마련될 때까지 잠시 피신을 하였다.

빚을 갚으라고 독촉을 하던 사령(司令)은 무학의 아버지를 관가로 잡아가려 찾아갔으나, 무학의 아버지가 없자, 현청의 사령(司令)이 무학의 어머니를 대신 잡아가게 되었다.

그런데 그때 만삭이었던 무학의 어머니는 잡혀가던 도중 갑자기 산기(産氣)를 느껴 해산(解産)할 곳을 찾았으나 온 산천에 모두 눈이 쌓여 있어서 적당한 곳을 찾을 수 없었다.

산을 방황하던 중 마침 눈이 쌓이지 않은 아늑한 곳이 있어 그 곳에서 출산을 하니 잘생긴 옥동자였다. 어머니는 옷가지로 아기를 덮어 뉘어 놓고 현청으로 끌려갔다.

현감(縣監)은 모든 사정을 듣고 무학의 어머니를 풀어 주었다.

어머니는 아기가 걱정이 되어 급히 아기가 있는 곳으로 돌아가 보니, 이게 웬일인가?

큰 학이 두 날개를 펴 아기를 보호하고 있는 것이 아닌가. 아기는 학의 품속에서 얼어 죽지 않고 쌔근쌔근 잠이 들어 있었다. 무학의 어머니는 학에게 감사하고 부처님에게 감사하며 아기를 안고 집으로 돌아갔다.

그리고 이에 감격해 아이의 이름을 무학(舞鶴)이라 했고, 출생한 장소를 '학돌재' 라고 부르게 되었다고 한다.

3) 무학(無學)과 이성계(李成桂)의 이야기

조선을 창업한 이성계는 어느 날 왕사(王師)인 무학대사(無學大師)와 자리를 같이해 국사를 논의하였다. 그날은 비교적 한가하고 날씨도 좋아 태조의 마음은 매우 흡족했다.

태조는 무학에게 격이 없는 농을 하자고 제의했다. 무학은 태조에게 먼저 하라고 하였다.

그러자 태조가 "당신은 어찌 그리 돼지같이 생겼소." 하니 무학대사가 대답하기를 "전하께서는 어찌 그리 부처님같이 생기셨소." 하였다.

"허허허, 대사! 나는 대사에게 돼지라고 농을 했는데 아니, 나더러는 부처라 하니 그러면 농이 아니지 않소."

이때 대사께선 좀 송구스런 듯이 다음과 같이 말했다고 한다.

"돼지의 눈으로 보면 세상 모든 것이 다 돼지같이 보이고, 부처의 눈으로 보면 세상 모든 것이 다 부처님으로 보입니다."

하하하! 대사와 태조는 크게 웃으며 한가로운 오후를 즐겼다고 한다.

무학(無學)은 태조에게, 유교는 인(仁)을 말하고 불교는 자비(慈悲)를 가르치지만 궁극적으로는 그 작용이 하나라는 것과, 백성을 자식처럼 보살필 때 백성의 어버이가 되고 나라는 저절로 잘될 수 있음을 설법하였다. 그리고 죄를 지어 옥에 갇힌 사람들을 용서하여 새로운 삶을 열어 줄 것을 청원하였다. 태조는 그 청에 따라 죄수를 방면하였고, 그를 회암사에 머무르게 하여 항상 융숭한 대접을 하였다.

1393년 왕도(王都)를 옮기려는 태조를 따라 계룡산과 한양 등을 돌아다니며 지세(地勢)를 살펴보고, 마침내 한양(漢陽)을 도읍으로 정하는 데 찬성하였다.

34 안흥사(安興寺)의 지혜(智慧) 스님

지혜(智慧) 스님

안흥사는 삼국유사에 나오는 옛 절로서, 지금은 흔적도 없이 사라져 버린 절이다. 그 절에 관하여 다음과 같은 전설이 있다.

1) 불전(佛殿) 수시를 도와준 선도(仙桃) 성모(聖母)

신라 진평왕(眞平王) 때 안흥사(安興寺)의 여승 지혜(智惠)가 허물어진 불전(佛殿)을 수리하려 하였으나 재력이 모자라 수리 공사를 할 수가 없었다.

허물어져 비가 새는 불전을 보며 그저 가슴만 조일 뿐이었다.

그러던 어느 날 그날도 기도를 하고 늦게 잠자리에 들었는데 꿈에 선도산(仙桃山)의 성모(聖母)가 나타나 "불전(佛殿)을 수리하려는 일은 너무나 기특한 일이다. 네 소원대로 내가 도와줄 것이니 불사(佛事)를 잘하여 부처님을 편안하게 모셔라.”
하면서 “내 자리 밑을 파 보면 금이 있을 것이니, 금 열 근을 꺼내 불사에 쓰라.”고 하였다.

지혜(智慧) 스님은 꿈도 이상하다 생각하면서도 다음 날 사람들을 데리고 신사(神祠)의 자리 밑을 조심스레 파 보니 땅속에서 황금 160냥이 나왔다.

스님은 그 돈으로 불전(佛殿) 수리를 무사히 마치고 부처님을 잘 안치 할 수가 있었다. 그런데 선도산(仙桃山) 성모(聖母)는 본래 중국 제실(帝室)의 딸로 이름을 사소(娑蘇)라 하였는데 일찍이 신선술(神仙術)을 배워 신선(神仙)이 되어 산수의 경치가 좋은 신라에 와서 살았다.

아버지인 황제(皇帝)가 딸이 염려되어 솔개(독수리) 발에 편지를 매어 딸에게 보냈는데, 그 편지에 말하기를 “이 솔개가 머무는 곳이 명당(明堂)이니, 솔개가 머무는 것을 잘 보았다가 그곳에 집을 짓고 살아라.”고 하였다.

그리하여 사소(娑蘇)가 황제(黃帝)의 말대로 하니, 솔개가 선도산(仙桃山)에 앉았으므로 사소(娑蘇)는 그곳의 좋은 자리를 골라 살게 되었다.

그래서 산 이름을 ‘서쪽에서 온 독수리가 머문 산’ 이라는 뜻으로 서연산(西鳶山)이라 하였다.

그 뒤 선도산 성모는 오랫동안 이 산에 살면서 나라를 지켰는데 그동안 신령스러운 일이 자주 일어나 사람들은 성모(聖母)의 고마운 신통력에 깊이 감사하고 정성껏 치성을 드렸다.

부처님의 자비는 미치지 않는 것이 없다.

연기설화

소재지 _ 경상북도 성주군 월항면 한개마을
영취산(靈鷲山)에 있는 절

연기설화

한개 마을에서 약 200m 떨어진 곳에 백내란 맑은 내가 흘러가는데, 이 작은 내를 건너 조금 가면 옛날 가야 시대의 산성(山城)이 있는 성산(星山)이 감응사(感應寺) 뒤에 울창하게 솟아 있다. 특별히 감응사가 자리 잡고 있는 산을 영취산(靈鷲山)이라 부른다. 태고의 원시림 같은 숲 속에 자리 잡은 경내에 들어서면 속세에 더럽혀진 마음마저 말끔히 씻어지는 듯하여 상쾌함을 느낀다.

1) 왕자의 눈을 밝게 해준 감응사 약수

신라(新羅) 애장왕(哀莊王)은 아들이 없어 몹시 걱정을 하다가 늦게서야 왕자를 보았으니, 왕실과 온 나라의 기쁨이었고

감응사 대웅전

경사스러운 일이었다.

　그러나 불행하게도 왕자는 눈이 나빠 앞을 잘 볼 수 없었다. 그래서 왕은 전의(典醫)들을 시켜 온갖 좋은 약을 다 구해 치료를 했으나 왕자의 시력은 점점 더 나빠질 뿐 좋아지지를 않았다.

　수심에 잠겨 잠을 설치다가, 새벽녘에 임금이 깜빡 잠이 들었는데 그때 꿈에 나이 많은 한 승려가 나타나 말하기를 "내가 왕자의 눈을 고칠 수 있는 방도를 알려 드릴 테니 왕은 그대로 따라 하시기 바랍니다. 내일 아침 해가 중천에 뜰 무렵, 검은 독수리 한 마리가 날아갈 것입니다. 그 독수리를 따라 본피현 (지금의 성주)에 가면 독수리가 약수를 찾아 마실 텐데, 그 물을 떠서 왕자의 눈을 씻게 하면 눈이 낫게 될 것입니다."라고 하였다.

이튿날 왕은 날쌘 군사를 모아 독수리를 따라가서 약수를 길어 오게 명하였다. 독수리를 따라 말을 달린 군사는 결국 독수리가 머문 곳에서 약수를 발견하고, 그 약수를 떠서 왕에게 바쳤다.

왕자는 그 약수로 눈을 씻은 뒤 오래도록 고칠 수 없었던 눈병이 말끔히 나아서 앞을 잘 보게 되었다.

왕은 매우 기뻐서 왕자의 눈을 고쳐 준 은혜를 잊지 못하여 약수가 있던 곳에 절을 지어 감응사(感應寺)라고 이름 하였다.

신령스러운 독수리가 길을 안내해 주었다고 산 이름도 영취산(靈鷲山)이라 부르게 하였다 한다.

송광사(松廣寺)

매표소에서 사찰까지 차가 다니지 않는 길을 걸어가면 계곡을 따라 이어지는 길이 좌우의 울창한 수목과 잘 어울려 청량한 감을 준다. 일주문을 지나 경내로 들어서면 '우화각' 이라는 작은 전각이 있는데, 이 공간은 여간 아름답지 않다.

우리나라 삼대 삼보사찰의 하나인 송광사는 규모도 아주 크고, 스님들도 많아서 송광사를 보아야 한국불교의 활발한 교세를 실감할 수 있다.

송광사에서 감명을 받은 것은 여러 가지가 있지만 특히, 송광사 대웅전 뜰 앞에서 저녁 예불 때 치는 법고(法鼓) 소리를 들어 봐야 몸으로 느낄 수 있다.

그 황홀한 느낌은 말로 하지 말자. 불자 여러분이 직접 체험하고 각자 나름대로 느끼시기 바란다.

1) 장차 18공(公)이 나온다는 송광사(松廣寺)

삼보사찰의 하나인 승보사찰로서 매우 유서 깊은 절인 이 송광사(松廣寺)의 절 이름을 송광(松廣)이라 한 데는 다음과 같은 연유 때문이라고 한다.

구전(口傳)으로 내려오는 전설에, 이 산에 장차 18공(公)의 훌륭한 분이 배출되어 불법(佛法)을 널리 펼 것이라는 말이 전하고 있다.

그래서 송(松) 자는 파자(破字)하면 「十+八+公」이고 廣(광) 자는 '佛法(불법)을 널리 전파한다.' 라는 뜻으로 해석한 데서 유래했다고 한다.

2) 송광사 창건 설화

당대의 고승(高僧)인 혜린대사(慧璘大師)가 제자들과 깊은 산 속에서 수도하고 있었는데, 많은 제자들이 원인 모를 전염병에 걸려 병마에 시달리고, 밤이면 맹수의 습격과 위협으로 많은 시달림을 당하였다.

제자들의 고통을 본 혜린대사는 목욕정제 하고 정결한 곳을 찾아 부처님에게 구원을 해달라고 빌다가 문득 문수보살의 돌부처를 발견하였다.

혜린대사(慧璘大師)는 너무나 기뻐 그 앞에서 7일간이나 충심으로 기도를 하니 마지막 날 꿈에 석가여래가 나타나, "이제

대사(大師)는 불법(佛法)의 심오한 이치를 모두 터득했으니 새
로운 절을 세워 중생 구제의 큰일을 행하라.”고 하였다.

　깨어 보니 꿈이었는데, 이상하게도 전염병으로 앓던 제자들
의 병이 모두 나아 원기가 왕성해졌다.

　대사는 다시 돌부처 앞으로 가서 앞으로 가야 할 길을 인도
해 달라고 또 기도하였다. 그러자 어디선가 늙은 스님이 한 분

나타나 석가모니의 불보(佛寶)를 전해 주며 송광산(松廣山)에 절을 지어 잘 모시라고 하고는 홀연히 사라졌다.

대사가 이에 큰 힘을 얻어 왕에게 상주(上奏)하여 국가의 많은 보조를 얻어 송광사(松廣寺)를 세웠다. 절이 완공되자 태자(太子) 보천(寶川)이 왕위(王位)를 버리고 불교에 귀의해 득도한 곳도 바로 이 송광사이다.

범천(梵天)의 고기

{ **소재지**_ 부산광역시 금정구 청룡동
금정산(金井山)에 있는 절

범천(梵天) 고기

범어사를 찾으면 먼저 눈에 들어오는 것이 천년 가까운 연륜을 가진 커다란 은행나무이다. 지금은 보호수로 지정된 이 나무는 천년이나 나이를 먹었는데도 조금도 지친 기색 없이 활력이 넘쳐흘러 짙은 녹음으로 무척이나 당당하고 장엄해 보인다.

네 개의 기둥이 떠받들고 있는 일주문은 범어사의 자랑이며 경내로 접어드는 첫째 관문이다. 석주(石柱) 4개를 일렬로 배치하고 그 위에 1m의 나무기둥을 세운 것이 다른 사찰에서 볼 수 없는 특이한 구조이다.

경내의 여러 유서 깊은 전각들은 나 이전에 수많은 사람들이 참배를 했고, 또 나 이후에도 많은 사람들이 참배할 것이라고 생각하니 가슴에 깊은 감명과 신심이 북돋는 듯하다.

범어사의 대문

1) 범천(梵天)의 물고기

  범어사 뒤에 있는 금정산(金井山)은 부산(釜山)의 진산(鎭山)으로 산세가 수려하기로 유명한 명산(名山)이다. 그 산마루에 큰 바위가 있으며 높이가 세 길쯤 되고 그 위에 우물이 있는데 둘레가 10여 척이고, 깊이가 7촌쯤 된다.

  바위 위인데도 물이 항상 가득 고여 있으며 아무리 날씨가 가물어도 물이 마르지 않으며, 빛이 황금과 같다고 한다.

세상에 전해 오기를 그 물 속에 한 마리의 금색 물고기가 오색구름을 타고 범천(梵天)에서 부터 하늘을 타고 내려와 그 속에서 헤엄치며 놀았기 때문에 산 이름을 이렇게 금정산(金井山)이라고 지었다고 한다. 여기에 인연해서 절을 짓고 그 이름도 범천(梵天)의 물고기가 놀았다고 범어사(梵魚寺)라 불렀다고 한다.

2) 범어사의 창사 유래

신라(新羅) 흥덕왕 때의 일로 전한다.

왜인(倭人)들이 10만 병선으로 동해에 나타나 우리나라를 침범하니 왕이 몹시 근심을 하였는데, 그날 밤 꿈에 신인(神人)이 나타나서 하는 말이 "태백산(太白山)에 의상화상(義湘和尙)이 있으니 왕(王)께서는 근심하지 말며, 동국(東國) 해변에 금정산(金井山)이 있으니 7일 7야 동안 화엄신중(華嚴神衆)을 독송하면 모든 근심이 풀릴 것입니다."라는 말을 일러 주었다.

왕이 매우 기뻐하며 의상(義湘)대사를 불러 함께 금정산(金井山) 밑에 가서 독경(讀經)을 하니 7일 뒤에 제불(諸佛)·천왕(天王)·신중(神衆) 등이 모두 나타나 폭풍을 일으키고 벼락을 쳐서 왜군(倭軍)을 모두 섬멸(殲滅)시켰다.

그래서 왕은 이에 감사하는 마음으로 금정산 아래에 범어사를 지어 제불(諸佛)에게 감사의 뜻을 표했다고 한다.

범어사 사천문의 축생

칠장사(七長寺) 비석

{ 소재지_ 경기도 안산시 죽산면 칠장리
764 칠현산(七賢山)에 있는 절

칠장사(七長寺) 비석

칠현산은 그다지 높은 산은 아니지만 산의 폭이 넓고 숲이 울창하여 산속에 들어서면 태고의 신비를 체감할 수 있다.

그 속에 자리 잡고 있는 칠장사(七長寺)에 가려면 길고 굴곡이 심한 언덕길을 따라 십 리가량이나 되는 구불구불한 언덕길을 올라가야 한다.

신라 선덕여왕 5년에 지장율사가 창건했다고 전해지는 이 칠장사에는 유물도 많고 또한 고찰답게 전해 오는 이야기도 많다.

1) 도적을 교화한 혜소국사

칠현산(七賢山)의 원래 이름은 아미산이었다. 이 아미산은

칠장사의 법당

지리적으로 한양(漢陽)에 가깝고 숲이 울창해서 도적 떼들이 판 쳤다고 한다.

특히 그 중에서도 악명 높은 '7악'으로 불리는 흉악한 7명의 도적이 이 지역을 거점으로 설쳤는데 그 피해가 막심했다.

그런데 혜소국사가 이들을 교화하려고 도적을 만나러 가니 대사에게 칼을 들이대고 금방 찌를 듯 기세등등하였다. 그러나

국사는 조금도 겁을 내지 않고 태연하게 염주를 돌리며 미소 짓는 자비로운 눈으로 그들을 바라보았다.

도적들은 그 인품에 그만 기가 눌려 칼을 버렸다.

국사는 조용하고 차분하게 도적들에게 부처님의 법을 전했다. 그들 마음속의 악을 뿌리 뽑고 좋은 길로 교화하여 현인(賢人)이 되게 하였다.

그리하여 산 이름도 아미산에서 칠현산(七賢山)으로 바뀌었다 한다.

2) 왜장(倭將)을 꾸짖은 비석

임진왜란 때 왜장 가토 기요마사(加藤淸正)는 가는 곳마다 만행을 저지르고, 그 부하들 역시 닥치는 대로 약탈을 하여 사람들이 몹시 고통스러웠다.

그런 가토가 이 절에 난입하여 온갖 만행을 저지를 때 홀연한 노승이 나타나 가토를 보고 난행(亂行)을 하지 말라고 꾸짖었다. 노한 가토가 칼로 그 노승을 내려치자 갑자기 노승은 간 곳이 없고 동강 난 비석만 서 있었는데 이를 본 가토는 겁을 먹고 즉시 군사를 이끌고 절 밖으로 도망을 갔다고 한다.

통도사(通度寺)

{ **소재지**_ 경상남도 양산시 하북면 지산리
영취산(靈鷲山)에 있는 절

통도사(通度寺)

통도사는 신라 선덕여왕 15년(646)에 자장율사가 창건한 사찰이라 한다.

이 절에는 자장율사가 당나라로부터 가져온 불골(佛骨), 불아(佛牙), 불사리(佛舍利), 부처님의 가사가 보관되어 있어 국내 삼보사찰 중 불보 사찰의 으뜸 위치에 있으며 통도사(通度寺)라는 이름도 부처님의 법을 통달하는 것이라는 뜻에서 지어진 이름이다.

다른 절의 전각에 들어가 보면 부처님이 계시지만 통도사 금강계단에는 부처님은 없고 벽에 커다란 유리창만 있다. 그것은 그 유리창 너머로 부처님의 진신사리가 봉안되어 있는 부처님 진신 사리탑이 보이기 때문인데, 부처님의 진신(眞身)이 계시므로 불상(佛像)은 필요가 없기 때문이다.

오른쪽 담 안에 진신사리가 봉안되어 있다.

경내에 육중하게 자리 잡은 크고 작은 건물들은 모두 조화 있
게 배치되어 통도사의 위상을 더욱 거룩하게 한다.

국보와 보물이 그득한 통도사는 언제 가 봐도 항상 새로운 감
명을 주는 고찰이다.

1) 통도사 절터에 살던 아홉 용(龍)

자장이 당나라에서 돌아와 통도사를 지으려 할 때의 일이다. 절을 연못가에 지으려 하는데, 그 연못에는 아홉 마리의 용이 살고 있어서 절을 짓는 것을 반대하였다.

자장은 독경(讀經)을 하여 용을 물리치고자 했으나 용들이 응하지 아니하고 반항을 해 법력(法力)으로 용들과 격투를 벌이게 되었다.

자장이 법력(法力)으로 주문을 외우자, 세 마리의 용이 겁을 먹고 달아나다가 바위에 부딪혀 피를 토하고 죽었으므로 이 바위를 용혈암(龍血巖)이라 부르게 되었다.

다섯 마리는 끝까지 대항을 하다가 도력(道力)이 모자라 더 이상 견디지 못하고 영취산(靈鷲山) 골짜기 아래로 떨어져 죽었으므로 그곳을 오룡곡(五龍谷)이라 불렀다.

남은 한 마리는 자장에게 항복을 하였으므로, 그대로 연못에 남아 절터를 지키게 하니 그 연못을 구룡신지(九龍神池)라 하였다는 것이다.

통도사 적멸보궁

바위 고기로 그득한 萬魚寺(만어사)

{ **소재지_** 경상남도 밀양시 삼랑진읍
용전리 만어산(萬魚山)에 있는 절

만어사(萬魚寺)

삼랑진 시내에서 만어사까지는 약 8km정도이며 만어산(萬魚山)에 오르는 길로 접어들면, 길이 좁아 차 두 대가 비키기 힘들 정도이다.

그러나 주변의 숲은 아름다워 천천히 가며 경치를 살피면 운치가 있고 상쾌하기 그지없다.

만어사(萬魚寺)는 규모가 큰 절은 아니다. 절보다 더 눈길을 끄는 것은 절 아래 계곡에 수 천개 수 만개 되는 신기한 돌들이다. 산속 계곡에 즐비하게 깔려 있는 돌이지만 하나같이 물에 닳은 수석(水石)같이 모가 없고 둥실둥실하며 눈이 모자랄 정도로 널려 있는 것이 그저 놀라울 뿐이다.

이 바윗덩이들은 만어석(萬魚石)또는 어산불영(魚山佛影)또는 종석(鐘石)이라 하고, 종석(鐘石)이라 하는 까닭은 신기

하게도 이 돌을 두드리면 마치 범종과 흡사한 맑은 소리가 나
기 때문이다.

자연 속에는 정말로 과학으로 풀지 못한 신비가 많은데, 이
종석(鐘石)도 그런 신비 중에 하나라고 본다.

1) 돌로 변한 고기와 용

지금의 양산 지역에 옥지(玉池)라는 연못이 있었는데 그 연못 속에 아주 흉악한 독룡(毒龍) 한 마리가 살고 있었다. 또한 만어산에는 하늘을 날아다니며 사람을 잡아먹는 다섯 악귀(惡鬼: 나찰녀)가 있었다. 그들은 서로 사귀면서 농민들이 애써 지어 놓은 농사를 망치고 아기를 잡아먹고 가축을 뺏는 등 온갖 나쁜 짓을 다 하였다.

그들의 행패로 고생하는 백성을 구하려 가락국 수로왕이 주술로 그들의 행동을 저지하려 하였으나 뜻을 이루지 못하였다. 할 수 없이 부처님을 찾아가서 그들의 행패를 막게 해달라고 간절히 기도를 하였다.

부처님은 그들을 불러 설법을 하고, 그들에게 불법(佛法)의 오계(五戒)를 받게 하여 개과천선(改過遷善) 시켰는데, 이때 동해의 수많은 고기와 용(龍)들도 불법(佛法)에 감화를 받아 이 산중에 모여들어 돌이 되었다 하며, 그 후 대부분의 돌들은 종소리를 내게 되었다고 한다.

만어사 석어(石魚) 아래 미륵부처

41 / 금몽암(禁夢庵)과 단종의 꿈

단종의 꿈

태백산 줄기에 있는 금몽암(禁夢庵)은 보덕사에 소속된 암자로 신라 문무왕 때 의상조사가 창건하였으며 창건 당시의 이름은 지덕암(旨德庵)이라 했다.

암자의 규모는 작지만 주변 산세가 좋고 수목이 울창해서 자못 아늑한 감을 준다.

이 암자 근처에 단종(端宗)의 장릉이 있어 단종(端宗)의 원찰(願刹) 같기도 하다.

1) 금몽암(禁夢庵)이라 개칭한 단종(端宗)

단종(1441~1457, 재위 1452~1455). 영월로 유배된 비운의 어린 왕 단종은 마음 둘 곳이 없어 늘 시름으로 세월을 보냈으

강원도 영월군 문화재자료 25호 금몽암

며, 꿈에서도 아득한 한양의 궁궐을 잊지 못하였을 것이다.

그래서 시간 나는 대로 엄한 감시 속에서도 적소(謫所) 주변을 산책하였는데 어느 날 우연히 지덕암(旨德庵)을 찾게 되었다.

그런데 지덕암(旨德庵)을 본 단종(端宗)은 깜짝 놀랐다. 그 암자는 단종(端宗)이 대궐에 있을 때, 꿈속에서 보고 유람하던 곳과 너무나 흡사하였다.

단종은 갑자기 대궐 안이 그리워졌고 숙부가 원망스러워졌
다. 그리고 하염없이 긴 한숨을 쉬며, 금중(禁中)에서 꿈에 본
것과 너무나 닮은 지덕암(旨德庵)을 금몽암(禁夢庵)이라 이름
을 고쳐 불렀다 한다.

그러나 그때 단종(端宗)이 봤던 그 건물은 임란(壬亂) 때 불
타고 여러 차례 중수를 거쳐, 영조 때 지금의 모습과 같은 건물
이 재건되었다고 한다.

42 부석사의 의상을 사랑한 선묘

소재지_ 경북 영주시 보석면 북지리 봉황산(鳳凰山)에 있는 절

부석사

어느 사찰을 막론하고 고찰이 우리들에게 주는 편안과 안정은 다 갖추고 있다고 하지만 부석사만큼 큰 평안을 가슴에 안겨 주는 사찰은 다시없을 것이다.

주차장에서 멀리 비탈길을 오른 다음 돌계단을 하나하나 밟아 오르면 울창한 주변 산세(山勢) 속에 부각(浮刻)한 듯 커다란 안양루가 보이는데, 그렇게 아름다운 건축물은 다른 데서 다시 보기 어려울 것이다.

공중으로 날아갈 듯한 날렵함 속에서도 기품을 잃지 않는 정교함이 있고, 그 뒤에 무량수전과 어울려 말 그대로 극락의 신비를 연상하게 한다.

부석사에는 많은 문화재가 있고 유명한 유적이 많지만 석벽(石壁) 또한 볼만하다. 불국사 석벽이 유명하다 하지만 부석사

의 석벽 역시 크고 작은 자연석이 잘 어울려 한 폭의 아름다운 그림을 연출하고 있다. 기하학적 황금분할의 지식이 그 벽을 쌓을 때 있었는지 알 수 는 없지만, 우리 선조들의 감각적 심미감(審美感)이 이런 걸작을 만들었다고 본다.

그래서 나는 부석사를 찾을 때 꼭 땀을 식히며 조화로운 석벽에도 눈길을 준다.

1) 의상(義湘)을 사랑한 선묘(善妙)

의상(義湘)은 출가하여 입산한 지 8년 만에 큰 뜻을 품고 더 깊은 불교의 진리를 탐구하고자 당나라로 갔는데, 그만 양주에서 병을 얻어 성(城)의 수위장(守衛長) 집에 병이 나을 때 까지 며칠 묵게 되었다. 그런데 그 집에 선묘(善妙)라는 아리따운 딸이 있었는데, 잘생긴 젊은 의상(義湘)을 보자 그만 한눈에 반해 가슴에 깊은 연정(戀情)을 품게 되었다. 의상이 완쾌되어 떠나던 날 선묘(善妙)는 간절한 마음을 달리 표현할 수 없으나 다시 한 번이라도 더 보고 싶어, 귀국할 때 꼭 다시 들러 달라고 부탁하였다.

당(唐)나라에 도착한 의상(義湘)은 지상사 지엄대사 밑에서 수학하다가 당나라가 신라를 침범하려는 것을 알고, 그 급한 일을 알려야 한다는 생각으로 급히 서둘러 귀국하게 되었다. 귀국하는 도중에 약속대로 선묘(善妙)의 집에 들렀으나 마침

떠·있다는 전설의 부석

선묘가 출타 중이어서 만나지 못하고 그대로 귀국길에 올랐다.
뒤늦게 이를 안 선묘가 울면서 의상을 뒤쫓아와 바다 저 멀리
사라지는 배를 보고, 의상(義湘)에게 주려고 만들어 두었던 옷
을 던지며 무사히 잘 가라고 축원(祝願)하니 해풍이 일어 의상
에게 날라다 주었다.

의상(義湘)을 향한 그리움에 가슴이 타는 선묘(善妙)는 이어

용(龍)이 되어 의상의 귀국을 돕게 해달라며 바다에 몸을 던져 버렸다. 옥황상제는 이 가련한 선묘의 청을 받아들여 선묘를 용이 되게 하였다.

용이 된 선묘가 의상(義湘)이 탄 배를 호위하니 배는 험한 파도를 가르며 바다를 달려 무사히 귀국할 수가 있었다.

귀국한 의상은 당나라의 침략 의도를 조정에 알리고 그 침략에 방비하게 하였다. 그 뒤 사찰을 건립하라는 왕명을 받고 봉황산(鳳凰山)에 터를 잡으려 했으나 먼저 자리를 잡고 세를 누리던 도적 떼 때문에 뜻을 잘 이룰 수가 없었다. 이때 용이 나타나 큰 바위를 세 차례나 공중에 들어 올렸다 놓으니, 도적들이 겁을 먹고 의상(義湘)에게 굴복하였다. 그리하여 그 자리에 건립한 것이 바로 부석사(浮石寺)이다.

그리고 그때 용이 들어 올린 큰 바위는 무량수전 서편 암벽 밑에 자리 잡고 있다. 선묘룡(善妙龍)은 부석사의 수호신으로 안좌(安坐)했는데 무량수전 주불 밑에서 석등까지 뻗쳐 있어 비늘 모습까지 아련하게 남아 있다고 한다.

부석사의 안양루

수덕사(修德寺)

수덕사(修德寺)

대한불교 조계종 제7교구 본사, 수덕사는 서해를 향한 차령산맥의 남쪽 기슭에 솟은 덕숭산(德崇山)에 우뚝 서 있다.

산과 서해가 조화를 이루고 낮은 구릉과 평탄한 들녘이 서로 이어지며 계곡이 골마다 흘러내리는 그곳이 바로 예로부터 소금강(小金剛)이라고 일컬어지는 명승지이며, 또한 그곳이 바로 불조(佛祖)의 선맥(禪脈)이 면면히 계승되고 많은 고승과 선지식이 배출된 한국불교의 종찰(宗刹) 수덕사이다.

몇 개 남지 않은 백제의 고찰인 수덕사는 백제 위덕왕 때 창건된 것으로 추정되며 경내를 거닐어 보면 옛 역사가 다시 새로워져 가슴에 묘한 감회를 받는다. 사찰과는 무관한 낙랑공주의 애틋한 사랑 이야기가 생각나는 것도 옛 백제 땅을 밟기 때

수덕사의 웅장한 대웅전

문일까.

완만한 덕숭산의 구릉을 따라 석축을 쌓고 가장 위쪽에 대웅전을 배치한 전형적인 산지형(山地形) 가람을 돌다 보면 시공(時空)을 초월해서 백제 사람을 만날 것만 같고 잠시 천 년 전의 태고로 돌아가는 듯한 상념(想念)에 잠긴다.

산천은 예나 지금이나 변함이 없는데 사람은 그때 그 사람이 아니고, 산은 옛 그대로의 산이지만 초목은 그때 그 시절의 초목이 아니다. 흐르는 세월! 변하는 세계! 제행무상(諸行無常)의 법리(法理)가 가슴을 친다.

1) 수덕(修德) 도령의 애틋한 사랑

옛날 사천리 마을에 수덕(修德)이란 총각이 있었다. 수덕(修德)은 부유하고 가문 좋은 집안의 도령이었고 공부도 많이 한 장래가 촉망되는 도령이었다.

어느 날 친구들과 사냥을 나갔다가 사냥터에서 우연히 한 아름다운 낭자를 보았는데, 가까이 다가가서 몰래 바라보니 선녀같이 아름다운 낭자였다.

도령은 낭자의 모습에 그만 한눈에 반해 버려 도저히 가슴에서 지울 수가 없게 되었다.

집에 돌아와서도 모든 것이 손에 잡히지 않고 오직 눈에 아른 거리는 그 낭자 생각뿐이었다. 상사병에 걸린 듯한 도령은 하인을 시켜 수소문한 결과 그 낭자가 건넛마을에 사는 덕숭(德崇)낭자라는 것을 알게 되었다.

도령은 곧 청혼을 했으나 여러 번 거절당했다. 그러나 수덕(修德) 도령의 끈질긴 청혼으로 마침내 덕숭(德崇) 낭자는, 자기 집 근처에 절을 하나 지어 줄 것을 조건으로 청혼을 허락하였다.

수덕 도령은 기쁜 마음으로 인부들을 모아 낭자의 마음에 들게 절을 짓기 시작하였다.

그러나 낭자를 얻고자 하는 마음만이 가슴에 가득한 도령은
절을 지으면서도 내내 낭자 생각만 하면서 절을 지었다. 절이
완성된 그날 밤, 불이 나서 애써 지은 절이 모두 불타 버렸다.

도령은 목욕재계하고 예배를 드린 다음 다시 절을 짓기 시작
하였으나 떠오르는 낭자의 생각 때문에 몸으로는 절을 지으나,
마음으로는 역시 낭자 생각을 하면서 절을 지었다. 이번에도 절
을 다 짓자 원인 모를 불이 나서 또 다 지은 절이 불타 버렸다.

세 번째는 오직 부처님만을 생각하며 절을 지었는데 이번에
는 절이 무사히 잘 지어지고 아무 탈이 없었다.

그리하여 낭자는 약속한 대로 혼인을 했으나, 첫날밤 수덕
도령이 손을 대려 하자 낭자는 몸에 손을 대지 못하게 했다. 하
지만 이를 참지 못한 수덕 도령이 덕숭(德崇) 낭자를 강제로
끌어안는 순간 뇌성벽력이 일면서 낭자는 어디론가 가 버리고
낭자의 한 쪽 버선만이 손에 쥐어져 있었다. 그리고 도령은 커
다란 바위로 변해 버렸다.

그 옆에는 버선 모양의 하얀 꽃이 피었는데 이 꽃을 버선꽃
이라 하며, 낭자는 바로 관음보살의 화신이었다고 한다.

그 이후 수덕(修德) 도령이 지은 절을 수덕 도령의 이름을 따
서 수덕사(修德寺)라 하고 산은 덕숭(德崇) 낭자의 이름을 따
서 덕숭산(德崇山)이라 하여 덕숭산(德崇山) 수덕사(修德寺)라
부르게 되었다고 한다.

오만진신(五萬眞身)

1) 부처님의 가사를 얻은 자장(慈藏)

신라 선덕왕 때(636) 당대의 고승 자장법사(慈藏法師)가 중국 오대산에 있다는 문수보살(文殊菩薩)의 진신(眞身)을 만나보려고 멀리 당(唐)나라로 갔다. 그리하여 태화지(太和池) 가의 문수보살 석상(石像)이 있는 곳에 이르러 7일간 간절히 기도를 드렸더니 문득 꿈에 한 부처가 나타나서 네 구절의 시를 말해 주었다. 그러나 그 시가 범어(梵語)로 되어 있어 자장(慈藏)은 그 뜻을 알 수가 없어 고민을 하였다. 그런데 이튿날, 한 스님이 붉은 색의 금점(金點)이 있는 가사 한 벌과 부처의 바리때 하나, 그리고 부처의 머리뼈 한 조각을 가지고 와서 시름에 차 있는 자장에게 물었다.

"대사는 어째서 근심에 싸여 있습니까?"

월정사 적광전 앞의 보탑

　"꿈에 어렵게 부처님을 만나고도 부처님께 받은 시구의 뜻을 풀지 못해 그렇습니다." 라고 자장이 대답하니, 그 스님은 자장(慈藏)이 풀지 못한 시구의 뜻을 번역하여 알려 주었다. 그러고 나서 자신이 가지고 있던 가사와 바리때, 불골(佛骨) 등을 자장(慈藏)에게 주면서 부탁했다.

　"이것은 석가세존(釋迦世尊)의 것이니 당신이 잘 보관하십

 불보살의 전설과 영험 **자비하신 부처님의 영험과 전설**

시오. 그리고 귀국하면 당신 본국의 동북방 명주(溟洲) 경계에
오대산(五臺山)이 있는데 거기에는 1만의 문수보살이 늘 거주
하고 계시니 가서 만나 뵈십시오.”라고 하고는 사라졌다.

　이에 법사가 기뻐서 귀국하려 하는데 태화지(太和池)의 용이
나타나 전날 자장(慈藏)이 만난 스님은 문수보살(文殊菩薩)의
현현이었음을 알려 주었다. 법사가 귀국하여 오대산 기슭(지
금의 月精寺 터)에 이르러 띠집[茅屋]을 짓고 기도하며 살다가
드디어 문수보살(文殊菩薩)을 뵙게 되니, 문수보살은 “칡덩굴
이 있는 곳을 찾아가라.”고 하였다.

　이 말을 듣고 산을 이리저리 헤매다가 자장은 마침내 지금의
정암사(淨巖寺: 지금은 月精寺(월정사)의 말사.) 터를 찾아냈다.

　한편 자장법사가 신라로 돌아왔을 때 태자 보천(寶川)과 효
명(孝明)이 산천을 유람하다가 명주에 이르러 문득 두 형제가
모두 속세를 벗어나 출가(出家)할 뜻을 몰래 약속하고 아무도
모르게 도망하여 오대산(五臺山)으로 들어가니 호위하고 갔던
사람들은 두 태자를 사방으로 찾다가 결국 찾지 못하고 모두
서울로 돌아가고 말았다. 두 태자는 오대산(五臺山)에 이르러
각기 암자를 짓고 머무르며 부지런히 업을 닦았다. 하루는 형
제가 함께 다섯 봉우리에 올라 예배하는데, 동대(東臺)의 만월
산에는 1만 관음이 나타나고, 남대(南臺)의 기린산에는 1만의
지장보살이 나타나고, 서대(西臺)의 장령산(長嶺山)에는 1만
대세지보살이 나타나고, 북대(北臺)의 상왕산(象王山)에는 석
가여래를 수위(首位)로 한 500의 대아라한(大阿羅漢)이 나타

월정사로 통하는 전나무 숲길

나고, 중대(中臺)의 풍로산(風盧山)에는 1만의 문수보살이 나타났다.

두 형제는 5만 보살의 진신(眞身)에 일일이 예를 했다. 날마다 이른 아침에는 문수보살이 진여원(眞如院, 지금의 上院寺)에 이르러 36종의 형상으로 나타났으니, 두 태자는 늘 골짜기의 물을 길어다가 차를 달여 공양하며 도를 닦아 불도(佛道)의 큰 뜻을 깨우쳐 도통(道通)했다고 한다.

2) 세조와 문수동자

오대산 상원사 아래의 관대 거리에는 조선 세조에 얽힌 유래 담이 전한다.

조카 단종을 죽이고 조선 7대 임금이 된 세조의 꿈에 형수인 문종황후(단종의 어머니)가 나타나 "에잇! 더러운 인간아! 아무리 권세와 부귀가 좋아도 어찌 감히 어린 조카를 죽인단 말인가!"하고 퉤! 하며 얼굴에 침을 뱉었다고 한다.

그런데 그날부터 세조의 몸에는 병명을 알 수 없는 이상한 종기가 나서 어떤 약을 써도 소용이 없었다. 여름이 되면 고통이 더욱 심해져 금강산에 들어가 불공을 드리려고 길을 떠나 단발령(斷髮嶺)에 이르렀는데, 산색이 청정하여 마치 부처님의 몸을 보는 것 같고 흐르는 냇물 역시 청정하여 마치 부처님의 음성을 듣는 것만 같았다.

세조는 모든 것을 버리고 그대로 머리를 깎고 중이 될 것을 생각하였다. 그러나 만류하는 신하들 때문에 머리 전부를 깎지 못하고 일부만을 잘라 버렸다. 그리하여 그때부터 그 고개를 단발령(斷髮嶺)이라고 부르게 되었다 한다.

단발령에서 발길을 돌린 세조는 금강산으로 가는 것을 그만두고 부처의 진신사리가 모셔진 오대산 상원사로 갔다.

날씨가 몹시 더워 온몸에 난 종기가 더욱 심해져 마구 터지는 것만 같았다. 고통을 이기지 못해 세조는 모든 시중들을 물리치고 홀로 시내에 들어가 더러운 부스럼을 씻고 있었다. 시원한 계곡물에 몸을 담그니 고통은 한결 덜한 것 같았다. 온몸을 씻는데 등에는 손이 닿지 않아 등이 근지러워도 씻지 못하고 있었다. 마침 그곳을 지나는 한 동자가 "영감님, 등을 문질러 드릴까요."하고 말을 한다. 그러고는 세조에게 다가와서 세조의 등을 어떻게나 시원하게 잘 밀어주는지 세조는 금방 훨훨 날아갈 듯한 상쾌함을 느꼈다.

그러나 당시의 법도에는 임금 몸에 함부로 상처를 내면 살아남지 못한다는 엄한 규칙이 있었다. 세조는 이 동자를 다치게 해서는 안 된다는 생각에 "동자야! 너 아무에게도 나를 봤다 말하지 마라." 하니 이번에는 동자가 "걱정 마시오. 당신도 아무한테나 나를 봤다고 하지 마시오."

"네가 누구인데."

"나는 문수동자 올시다. 나를 여기서 친견했다고 아무에게도 말하지 마시오."

세조가 그 말을 듣고 즉시 뒤돌아보니 머리를 두 가닥으로 딴 동자가 소나무 사이로 사라지는데 뒤를 따라가 아무리 찾아봐도 다시는 만날 수가 없었다. 세조가 너무 신기해서 그 동자의 모습을 곧 화공에게 말해서 그림으로 그리고 조상(造像)으로 만들어 오대산(五臺山) 상원사(上院寺)에 모시게 하니 그 문수동자 상은 지금까지도 남아 있다.

세종의 종기가 그날로 말끔히 다 나은 것은 물론이다.

위봉사(圍鳳寺)의 효자 호랑이

소재지_ 전라북도 완주군 소양면 대흥리 주찰산(珠茁山)에 있는 절

효자 호랑이

백제 때 창건된 것으로 알려진 이 절은 창건당시, 최용각(崔龍角)이라는 사람이 말을 타고 전국의 산천을 유람할 때, 봉산(鳳山) 남쪽에 이르러 봉산(鳳山)을 보니 너무 경치가 좋아 말을 길가 나무에 매어 두고 등나무 덩굴을 잡고 겨우 산꼭대기에 올라가니 한쪽 풀섶에서 상서로운 빛이 비치고 있었다. 최용각(崔龍角)이 그 빛을 따라가 보니 거기에는 세 마리 봉황새가 놀고 있었다. 그래서 그는 여기에 절을 짓고 절 이름을 위봉사(圍鳳寺)라고 하였다고 한다.

위봉사(圍鳳寺)는 별로 찾는 사람이 없는 조용한 절로서 사찰의 건물들도 근래에 중창한 것이 대부분이지만 조용한 경내는 심성(心性)을 닦기 좋은 도량(道場)이라 생각된다.

1) 위봉사(圍鳳寺)와 효자 범

　위봉사(圍鳳寺) 아랫마을에 나이 많은 홀어머니를 모시고 사는 한 효자가 있었다. 어머니에게 맛있는 음식을 해 드리고 싶어도 돈이 없어 마음대로 되지 않아 늘 마음이 불편했다.

　하루는 위봉사(圍鳳寺)의 스님을 찾아가서 어머니를 잘 모실 수 있는 길을 알려 달라고 간곡히 부탁을 하였다. 스님은 눈을 감고 한참 생각을 하다가 상자 속에서 낡은 책을 한 권 주면서 "이 책 속에 호랑이로 변신하는 주문이 적혀 있으니, 그 주문을 익혀서 밤에 호랑이로 변신해 어머니에게 드릴 만큼의 짐승만 잡아서 모친에게 효도를 하게. 절대로 일없이 많은 살생을 해서는 아니 된다는 것을 명심하게."라고 말했다.

효자는 그 책을 보고 밤이 되면 범이 되어 어머니가 좋아하실만한 산짐승을 잡아 늘 어머니 밥상에 맛있는 찬을 올릴 수 있게 되었다.

그런데 그의 부인은, 밤마다 밖으로 나갔다가 새벽에 돌아오는 남편이 못마땅했고, 어디 다른 곳에 숨겨 둔 여자가 있지나 않나 매우 마음이 불편했다.

그런데 남편을 잘 살펴보니 밤에 나갈 때면 꼭 낡은 책을 보고 나가는 것이었다. 그 책만 없애버리면 밤에 나가지 않겠지, 하는 생각으로 남편이 밖에 나간 틈에 그 낡은 책을 불살라 버렸다.

그것도 모르고 어머니에게 드릴 토끼를 한 마리 잡아 온 남편은 호랑이 몸에서 다시 사람으로 변신하려고 주문을 외우려 그 책을 찾으니, 이게 웬일일까. 책이 없지 않은가.

주문을 몰라 효자는 다시 사람으로 돌아올 수 없게 되어 슬픈 눈물을 흘리며 위봉사(圍鳳寺) 뒷산 숲 속에 가서 살게 되었다. 그 후로도 어머니를 위해 매일 매일 어머니가 좋아하는 짐승을 물어다가 자기 집 마당에 갖다 놓았다고 한다.

한때의 사세를 말해 주는 위봉사 장독

46 해인(海印)이 숨겨져 있는 해인사

소재지_ 경상남도 합천군 가야면 치인리 가야산(伽倻山)에 있는 절

해인사

팔만대장경판(八萬大藏經板)을 모신 법보사찰(法寶寺刹)로, 조계종 종합수도도량인 해인총림(海印叢林)이 있는 해인사는 불보사찰(佛寶寺刹)인 통도사(通度寺), 승보사찰(僧寶寺刹)인 송광사(松廣寺)와 더불어 한국 삼보(三寶)사찰의 하나이다.

해인사(海印寺)의 해인(海印)은 창건주인 순응(順應)이 화엄경(華嚴經)에 나오는 해인삼매(海印三昧)에 근거를 두고 이름 지은 것으로, 삼라만상이 고요한 바다에 비치듯이 번뇌가 끊어진 부처의 정심(定心)에 만법의 실상(實相)과 진리(眞理)가 명료하게 비친다는 뜻이다.

그러나 해인사(海印寺)가 너무 유명한 대가람이어서 그 창건에 대한 설화도 한두 가지가 아니다.

해인사 장판각

1) 용궁의 보물 해인(海印)을 얻은 노인

나이가 많은 늙은 부부가 자식도 없이 가야산 깊은 골짝에
살고 있었다. 이들 부부는 화전을 일구고 산과 달을 벗 삼아 외
롭게 살아가고 있었다. 그러던 어느 날, 나무를 하러 집을 나서

는 이들 앞에 예쁜 강아지 한 마리가 꼬리를 흔들면서 사립문 안으로 들어섰다.

늙은 부부는 강아지를 안고 집 안으로 들어와 마치 자식 키우듯 사랑을 쏟아 잘 키우니, 강아지는 날이 갈수록 무럭무럭 잘 자랐다. 그렇게 3년이란 세월이 흘러 강아지는 큰 개로 성장했다. 꼭 만 3년이 되는 날 저녁, 이상하게도 그 개가 사람처럼 말을 하는 것이었다.

"저는 원래 동해 용왕의 딸인데 그만 용궁에서 죄를 지어 이런 모습으로 인간세계에 쫓겨 왔습니다. 다행히 두 분의 보살핌으로 속죄의 3년을 잘 보내고 이제 죗값을 다 치루어 다시 용궁으로 가게 되었습니다. 그간 받은 두 분의 은혜는 길이 잊을 수가 없습니다."라고 하였다.

그러고나서 자기가 용궁으로 돌아가 용왕님께 두 분의 은혜를 말씀드리면 그러면 용왕은 용궁의 사자를 보내 노인을 모시고 용궁으로 가서 극진한 대접을 하고, 돌아오실 때 키워 주신 보답으로 무엇이든 맘에 드는 물건을 한 가지만 가져가시라고 할 것인데 그때 아무리 좋은 것이 있어도 모두 싫다 하고 용왕 앞에 놓은 '해인(海印)' 이란 도장을 달라 하라 하였다.

그 도장은 세상에 다시없는 귀한 보물로, 세 번을 툭툭 치고 원하는 물건을 말하면 뭐든지 다 나오는 신기한 물건이며 그것만 있으면 앞으로 아무 걱정 없이 잘 사실 것이라 하였다.

그렇게 말을 한 개는 곧 어디론가 사라져 버렸다. 개가 가버리자 노인은 외롭고 쓸쓸해 마음을 둘 곳이 없었다.

그 후로 얼마가 지난 어느 날 밤, 별안간 사립문 밖에서 이상한 소리가 나더니 많은 사람들이 가마를 갖고 와서 "용왕께서 노인을 모셔 오라고 해서 왔습니다. 어서 가시지요." 하는 것이었다. 노인은 문밖에 세워 놓은 옥가마를 타고 사자를 따라 꿈에도 생각지 못했던 찬란한 용궁에 도착했다.

너무나 화려하고 아름다운 용궁 모습에 노인은 그저 놀랄 뿐이었다. 그때 아름다운 공주가 나타나 "할아버지 어서 오세요. 제가 바로 할아버지께서 길러 주신 그 강아지이옵니다. 먼 길 참 잘 오셨습니다." 라고 하면서 노인을 반겼다. 아름다운 음악이 울리자 용왕도 옥좌에서 내려왔다. "먼 길 오시느라 수고가 많으셨습니다. 딸을 3년이나 잘 보살펴 주서서 너무나 고맙습니다." 하며 산해진미로 가득한 음식상을 차려 내었다.

입에 들어만 가면 슬슬 녹는 음식 맛은 노인이 생전 먹어 보지도 못했던 신기한 것뿐이었다. 이렇게 용궁에서 지낸 지 7일. 노인은 행복했으나 갑자기 집에 혼자 남겨 두고 온 할머니 생각이 나서 그만 돌아가고 싶다고 했다.

용왕과 공주는 더 놀다 가라고 만류했지만 노인은 그만 가야 한다고 거듭 말을 하였다. 그러자 용왕은 용궁의 보물을 구경하고 무엇이든 마음에 드는 것이 있으면 딸을 보살펴 준 은혜로 한 가지만 주겠다고 말하였다.

노인은 공주가 말한 해인(海印) 생각이 나서, 다른 것은 다 싫고 해인(海印)을 달라고 하였다. 노인의 요구에 용왕은 깜짝 놀랐다. 그러나 용왕은 한번 한 약속이라 어쩔 도리가 없었다.

해인사 법회에 운집한 대중들

용왕은 아까워하면서도 해인(海印)을 보자기에 정성껏 싸서 노인에게 줬다.

해인(海印)을 얻은 노인은 용궁을 떠나 할머니가 기다리는 가야산에 도착했다. 노인은 아내에게 용궁 이야기를 자세히 들려주고 해인을 세 번 두들겼다.

그 후로 무엇이든 말하면 다 나오는 신기한 해인(海印) 덕택에 아무 일이든 안 되는 것이 없었다. 그래서 노인은 그 해인(海印)의 힘으로 큰 절을 지었으니 그 절이 지금의 해인사(海印寺)라고 한다.

노인은 더 오래 살다가 죽을 때 이 귀중한 보물을 해인사(海印寺)에 감추어 두었는데, 아무도 해인(海印)이 어디에 있는지 지금까지도 모른다고 한다.

2) 왕비의 병을 고친 두 도승

순응(順應)과 제자 이정(利貞)은 중국 양무제 때 지공화상의 법을 전해 받고 동국답산기(東國踏山記)라는 책을 얻어서 귀국한 뒤 우두산을 찾아갔다. 우두산 서쪽의 맑은 물이 흐르고 산세가 빼어난 곳에 자리를 깔고 선정에 들어가자 그 두 스님의 이마에서 오색광명이 솟아 하늘로 뻗어 올라갔다.

그 무렵 신라에는 큰 근심거리가 있었는데 신라 애장왕(哀莊王)의 왕후가 몹쓸 병에 걸려 아무리 좋다는 약을 써 봐도 뚜렷한 효험이 없고 병세는 날로 더해가기만 하였다. 왕은 여러 신하들을 여러 곳으로 보내어 덕이 높은 스님을 모셔 올 것을 명하였다.

고승을 찾아 나선 신하들이 우두산을 지나다가 하늘로 뻗어 오르는 신령한 오색광명을 보게 되었고, 선정에 잠겨 있는 두 스님을 만나게 되었다. 신하들이 예를 올린 뒤 찾아오게 된 내력을 이야기하였더니, 두 스님은 오색실을 내주면서 실의 한끝

은 궁전 뜰의 배나무에 묶고 다른 한쪽은 왕후의 손목에 묶어
두고 주문을 외우라 하며, 그 주문을 가르쳐 주었다.

두 신하가 스님들 말대로 궁전에 돌아와 그대로 했더니, 왕
후의 몸에서 이상한 작고 노란 벌레가 기어 나와 오색실을 타
고 배나무로 건너가니 배나무가 말라죽어가면서 왕후의 오랜
병은 말끔히 나았다. 이에 왕과 왕후는 기뻐하며 병을 고쳐 준
보답으로 우두산에 대가람(大伽藍)을 창건하였는데, 그 절이
바로 가야산(伽倻山) 해인사(海印寺)이다.

3) 해인(海印)으로 지은 해인사(海印寺)

옛날 어떤 사람이 강가를 지나다가 아이들이 자라를 잡아서
불에 구워 먹으려고 하는데, 그 자라의 눈을 보니 슬퍼서 눈물
을 흘리는 것만 같았다. 그 사람은 갑자기 자라가 불쌍하다는
생각이 들어 돈을 주고 자라를 사서 물에 놓아 주었다.

사실 그 자라는 용궁에 있는 용왕의 자식인데 세상 구경을
하러 뭍에 나왔다가 그만 아이들에게 잡혔던 것이다. 용궁에
돌아간 자라가 아버지 용왕에게 목숨을 구하게 된 사연을 이야
기 하니 용왕은 아들의 생명을 구해 준 은인을 용궁(龍宮)으로
초대하였다.

그리고 융숭한 대접을 한 다음 집으로 돌아가려 할 때, 산같
이 많은 용궁의 무수한 보물 가운데 무엇이든 한 가지만 줄 터
이니 아무거나 한 가지만 요구하라 했다.

그 사람은 옛날부터 보배 중의 보배라고 전해 들은 해인(海印)을 달라고 하였다.

해인(海印)은 모든 소망을 들어주는 여의주보(如意呪寶)였다. 용왕은 매우 난처했으나 한번 한 약속이라 어쩔 수 없이 해인(海印)을 보자기에 싸서 건네주면서, 반드시 좋은 일에만 쓰라고 당부하였다.

그리하여 그 사람은 해인(海印) 덕택에 아무 걱정 없이 잘 살고 있는데, 어느 날 한 중이 찾아와 해인(海印)을 빌려 주면 절을 지어 불법(佛法)을 전파하고 중생(衆生)을 제도할 것이라고 말하였다.

그 사람은 좋은 일에 쓰라는 용왕의 말이 생각나서 해인(海印)을 그 스님에게 빌려 주었다.

스님은 해인(海印)을 이용하여 세상에서도 아름답고 장중한 해인사(海印寺)를 짓고 절 속에다 해인을 깊이 감추어 두었다.

그 뒤 그 소식을 들은 '정만용'이라는 관리가 해인(海印)을 갖고 싶어 해인사(海印寺)를 중수(重修)한다는 핑계를 대고 해인사(海印寺)를 샅샅이 뒤져 결국 해인(海印)을 찾아내어 이를 가지고 종적을 감추었다는 말이 전해지고 있다.

47 생명을 구한 척판암(擲板庵)의 문짝

척판암(擲板庵)의 문짝

조계종 제15교구 본사인 통도사의 말사인 이 절은 신라 문무왕 때 원효가 창건한 고찰로서 창건 당시에는 담운사(談雲寺)라고 하였다 한다.

그 절 이름을 척판암(擲板庵)이라 하게 된 데는 다음과 같은 전설이 있다.

그런데 전설은 어디까지나 전설이어서 전하는 사람마다 다소 다르니 그 점 양지하기 바란다.

1) 원효대사와 천성산(千聖山)

원효가 어느 날 밤, 공부를 하다가 잠시 밖으로 나와 별을 보니 중국의 종남산(終南山) 운제사(雲題寺)의 한 법당이 오랜

장마로 금방 허물어질 위기에 놓여 있는 것을 알게 되었다.

마침 그 전각에는 약 1,000명의 승려들이 공부를 하고 있었는데 그들이 금방 건물에 깔려 죽을 급박한 처지에 놓여 있어 잠시를 지체할 수가 없었다.

원효는 부엌의 대문을 떼서 그 쪽으로 날려 보냈다.

공부를 하던 중국의 승려 한 사람이 하늘에서 이상한 소리를 내면서 절 위를 빙빙 날아다니는 판자를 보고, "야, 저것 봐라! 저것이 무엇인가? 참 신기하다!" 하고 소리를 지르자, 방에서 공부하던 1,000명의 승려들이 모두 밖으로 나와 하늘을 나는 이상한 판자를 구경하였다.

그때 공부하던 전각이 쾅! 하는 소리와 함께 팍싹 무너져버리고 말았다. 만일 그 안에 있었다면 꼼짝없이 압사(壓死)당하고 말았을 것이다.

그때 공중을 날던 판자가 땅에 떨어졌는데, 떨어진 판자에 '海東新羅國沙彌元曉千僧救濟(해동신라국사미원효천승구제)' 라 쓰여 있었다.

그 말은 '해동 신라의 승려 원효는 1,000명의 승려 생명을 구제하노라' 라는 뜻이다. 그것을 본 승려들은 자기들의 목숨을 구해 준 신라의 원효대사가 한없이 고마웠고, 또한 그 도력(道力)에 감복하여 원효(元曉)를 만나러 신라로 찾아왔다.

그 때 찾아오는 수많은 승려들을 수용하기 위해 원효(元曉)는 원적산에 운흥사를 창건하였다고 한다.

부엌문을 뜯어서 던졌던 암자를 척판암(擲板庵)이라고 하고, 원적산에 1,000명의 승려가 수도했다고 해서 산 이름을 천성

산(千聖山)이라고도 부른다. 천성산(千聖山)에는 칡이 많아 산 길을 가다가, 길을 가다가 칡에 걸려 넘어지는 사람이 많았은 데, 원효(元曉)가 사람들이 넘어지지 않게 하기 위해 도술을 부린 뒤로 천성산의 칡은 길을 가로질러 자라지 않는다는 등 많은 설화가 전해지고 있다.

48 원광법사와 여우

원광법사

원광(圓光)은 신라의 고승(高僧)으로 속성은 박(朴)씨이며 25세에 진(陳)나라 금릉(金陵)에 가서 장엄사(莊嚴寺) 강의를 듣고 출가(出家)를 하였다. 출가한 뒤로는 여러 곳을 다니며 경(經), 율(律), 론(論)을 연구하였다. 그 후 중국 각지를 다니면서 정진(精進)하여 도(道)를 이루고, 신라 진평왕(眞平王) 때 귀국하여 나라를 위해서도 많은 공을 세운 신라(新羅) 고승이다.

삼국유사 등에 원광(圓光)에 관한 이야기가 많이 기록되어 전하고 있다.

1) 원광과 여우 신(神)

원광이 30세에 삼기산(三岐山)에 들어가 수도할 때 이웃에 중 하나가 와서 암자를 짓고 살았는데, 어느 날 밤 신(神)이 원광에게 그 중더러 다른 곳으로 옮겨 가도록 권해 주기를 당부하였다.

그래서 원광(圓光)은 그에게 가서, 신을 만난 이야기를 하고 "이곳은 그대가 살기에 적합한 곳이 아니니 다른 곳으로 옮겨 가는 것이 좋겠다."라고 조심스럽게 다른 곳으로 가기를 권했다.

그러나 중은 "그대가 만났다는 귀신은 잡된 호귀(狐鬼)에 불과하다. 그따위의 하잘것없는 말들은 다 부질없는 말이며 들을 가치가 없는 말이다."라 하며 원광(圓光)의 권유를 듣지 않았다.

그러자 그 말을 다 들은 신이 벼락과 비를 내려 산을 허물어서 중이 있던 절을 흙 속에 묻어 버렸다.

그런 다음 신(神)이 원광(圓光)에게 권유하기를 중국에 가서 불교와 유교를 더 깊이 익히고 돌아오라고 하였다. 신(神)의 말을 거역하다가 죽은 중의 일을 잘 알고 있는 원광(圓光)은 곧 중국으로 가서 열심히 공부를 하고 도(道)를 이루어 돌아왔다.

신에게 감사하러 삼기산(三岐山)에 간 원광은 신으로부터 계(戒)를 받고 생생상제(生生相濟: 다시 태어나는 모든 세상에서 서로 구제함.)의 약속을 맺었다.

원광은 자기를 그토록 도와준 신의 모습이 보고 싶어 모습을 보여 달라고 하였다. 신이 원광의 청으로 자신의 모습을 드러냈는데, 큰 팔뚝이 이른 아침의 구름을 뚫고 하늘가에 닿아 있었다.

자기의 몸 일부를 원광(圓光)에게 보여준 신은 마침내 무상(無常)의 몸을 버리고 원적(圓寂)의 열반(涅槃)으로 들었는데, 원광이 보니 늙은 여우였다.

원광은 그 여우를 양지바른 곳에 고이 묻어 주었다.

2) 원광의 세속오계

신라 사량부(沙梁部)에 사는 귀산(貴山)이라는 사람은 같은 마을에 사는 추항(箒項)이라는 사람과 서로 친구가 되었다. 둘은 자기들이 진골(眞骨)이나 사림(士林)의 선비들과 사귀려면 먼저 자신들의 마음을 바르게 닦아야 그들로부터 욕을 먹지 않을 것이라고 생각했다.

그래서 그들은 그 당시 이름이 드높았던 원광(圓光)에게 찾아가 평생(平生)의 경계(警戒)가 될 가르침을 알려 달라 간청하였다.

원광은 그 두 사람에게 세속오계(世俗五戒)를 가르쳐 주었다.

즉, 임금을 충성으로 섬길 것이며(事君以忠),

어버이를 효성으로 섬길 것이며(事親以孝),

벗을 신의로 사귈 것이며(交友以信),

싸움에서 물러서지 않을 것이며(臨戰無退),

생명 있는 산 물건을 가려서 죽여야 한다(殺生有擇) 등의 말을 찬찬히 예를 들어 가며 잘 가르쳐 주었다.

두 사람은 그 말을 듣고 기뻐하며 "다른 일은 모두 알아듣겠

습니다마는, 말씀하신바 '산 물건을 죽이는 데 가려서 한다' 는
말은 아직 잘 터득할 수가 없습니다." 하였다.

그러자 원광은 "6재일(齋日)과 봄 · 여름에는 죽이지 않는 것
이니 이것은 시기(時機)를 가리는 것이다. 말 · 소 · 개 등 가축
을 죽이지 않고 고기가 한 점도 되지 못하는 작은 생명의 세물
(細物)을 죽이지 않는 것이니 이것은 물건(物件)을 가리는 것
이다. 또한 죽일 수 있는 것도 꼭 쓸 만큼만 하고 많이 죽이지
말라는 것이다."

그러자 귀산 등이 말하기를 "우리는 지금부터 이 말씀을 받
들어 실천하여 감히 어기지 않겠습니다."

그 후에 두 사람은 모두 전쟁에 나가서 국가에 큰 공을 세웠다.

3) 원광에 귀의하고 병을 고친 신라왕

신라왕이 병이 들었다. 아무리 좋은 약을 써도 차도가 없고
왕의 병은 점점 더 깊어만 갔다.

조정 대신들은 더 이상 손을 쓸 방법이 없어서 할 수 없이 원
광(圓光)을 청하여 왕의 병을 고쳐주기를 간곡히 부탁 하였다.

원광은 궁중에 들어가 왕에게 참회(懺悔)의 계(戒)를 주고 부
처님을 신봉하게 하였으며, 원광(圓光)을 신봉하게 하였다.

원광(圓光)의 머리가 금빛으로 빛나고 태양의 모양이 그를
따르는 것을 본 왕이 그를 더욱 신봉하게 되자 오래지 않아 깊
은 병을 앓던 왕은 병이 말끔히 다 나았다.

보이는 자연 그것이 바로 부처님의 세계

소재지_ 부개사(夫蓋寺)는 지금은
폐사가 되어 존재하지 않음

혜공(惠空)

혜공은 신라(新羅) 승려로, 선덕여왕 때 기승(奇僧)이었다. 출신은 천하며 천진공(天眞公) 집에 고용살이 하는 노파의 아들로 초명은 우조(憂助)였는데, 어려서 천진공(天眞公)의 병을 고치는 이적을 비롯하여 여러 가지 이적을 나타내어 상전인 천진공(天眞公)이 그의 참된 면모를 간파하고 도사(導師)로 삼았다.

그렇게 자기의 본성이 알려지자 우조(憂助)는 그길로 출가(出家)하여 승려가 되고 법명을 혜공(惠公)이라 하였으며 일생 동안 많은 이적(異蹟)과 기행(奇行)을 남겼다.

1) 혜공(惠公)의 기행

스님이 된 혜공(惠空)은 언제나 조그만 절에 살면서 매일 미치광이처럼 술에 취해서 삼태기를 등에 지고 길거리를 활보하며 큰 소리로 노래하고 춤을 춰 사람들은 그를 부궤화상(負櫃和尙)이라 불렀고, 그가 사는 절을 부개사(夫蓋寺)라 하였다.

어느 날 그는 영묘사(靈廟寺)에 화재(火災)가 날 것을 미리 예언해서 화재를 미리 예방했고, 생사를 자재(自在)로 했다.

그는 어지러운 세상에 염증이 나면 항상 절에 있는 우물 속으로 들어가서 몇 달씩이나 나오지 않았다. 스님이 그 속에 들어가 있다고 해서 그 우물의 이름을 '혜공샘' 이라고 하였다. 그리고 우물에서 나올 때마다 꼭 푸른 옷을 입은 신동(神童)이 먼저 솟아나오고 그 뒤를 따라 혜공이 나왔으므로 그 절의 중은 신동이 나오는 것을 보고 예공이 나오는 시각을 알았다고 한다. 그런데 신기하게도 우물 속에서 나온 혜공의 옷은 물에 조금도 젖어 있지 않았다고 한다.

2) 혜공(惠公)과 원효(元曉)

만년에는 항사사(恒沙寺), 지금의 영일현(迎日縣) 오어사(吾魚寺)에서 살았다. 이때 원효(元曉)는 여러 불경의 주석(註釋)을 달고 저술에 여념이 없었는데 어려운 대목에 부딪치면, 언제나 혜공에게 가서 물으면 무엇이든 척척 대답을 해 주었다.

하루는 두 스님이 냇가를 걸어가고 있는데 동네 사람들이 물고기를 잡아서 맛있게 먹으며 놀고 있었다. 사람들 중 한 사람이 두 스님에게 함께 물고기를 먹을 것을 권하였다.

"스님, 이 물고기 좀 잡수셔요. 참 맛이 있어요."

두 스님은 스스럼없이 그들 곁에 앉아서 주는 대로 받아먹었다. 그것을 본 동네 사람들 중에는 중이 고기를 먹는다고 마음속으로 욕하는 사람도 있었다.

그런데 얼마 뒤 두 스님이 냇가 바위 위에 가서 변을 보니, 그 변이 스님이 금방 먹었던 물고기가 되어 꼬리를 살랑살랑 흔들며 헤엄쳐 가는 것이었다. 그것을 보고 두 스님은 "저것은 내 고기다.", "이것은 내 고기다." 하며 고기가 헤엄쳐가는 것을 보고 껄껄 웃었다고 한다.

이를 본 동네 사람들의 놀라움은 말할 것도 없다.

그래서 그 뒤에 그 절의 이름을 오어사(吾魚寺)라고 부르게 되었다고 한다.

3) 생사를 초월하는 혜공(惠公)

따뜻한 봄, 온갖 꽃이 아름답게 피는 좋은 계절에 구감공은 평소 친한 친구들과 함께 앞산에 올라가 화전놀이를 하려 했다.

늘 보는 산이지만 봄풀이 싱그러운 산길이며, 맑게 흐르는 계곡물 하며, 무리 지어 지저귀는 산새 소리는 봄의 흥취를 더욱 더 해주었다.

한참을 올라갔는데 이게 웬일일까. 길가에 어떤 사람이 죽어 쓰러져 있다.

모두들 다가가서 살펴보니 혜공(惠公) 스님이 틀림이 없었다. 죽은 지 며칠째 되었는지 몰라도 시체에서는 심한 냄새가 나고 살이 부어터지고 썩은 곳에서는 구더기가 기어 다니는 것을 보고 한참 동안 모두는 슬퍼했다. 그래서 놀이 가는 것을 그만두고 사람들과 함께 양지바른 곳에 구덩이를 파고 땅에 고이 묻어 주었다. 그리고 인생의 허무함을 가슴 저리게 느끼며 모두들 고개를 떨구고 돌아오고 말았다.

다음 날 구감공이 볼일이 있어 성안에 들어갔는데 어제 분명히 장사 지낸 혜공(惠公)이 크게 취해서 시중에서 노래하고 춤추고 있는 것이 아닌가. 곁에 가서 자세히 봐도 틀림없이 어제 매장한 혜공이었다.

혜공(惠公)은 생사(生死)를 초월하고 시공을 초월하는 도술(道術)을 가진 도통한 도인이기 때문에 죽고 사는 것을 마음대로 하는 것이었다.

4) 지귀(志鬼)의 불을 미리 안 혜공(惠公)

어느 날 혜공은 풀로 새끼를 꼬아서는 영묘사에 들어가 금당(金堂)과 좌우의 누각, 남문의 낭문(廊門)에 둘러 묶고 총무스님에게 말하기를 "이 새끼줄에 손대지 말고 그냥 두었다가 사흘 후에 풀어라."라고 하였다.

스님은 이상하게 생각했지만 혜공의 말대로 줄을 풀지 않고 두었더니 3일째 되던 날 선덕여왕의 갑작스러운 행차가 있었다. 그리고 여왕이 기도를 하는 도중 지귀(志鬼)의 심화(心火)가 일어나 절에 불이 붙고 말았는데 새끼줄을 쳐 놓은 안쪽은 불에 타지를 않았다고 한다.

　지귀(志鬼)의 전설은 다음과 같다.

　신라 선덕여왕 때 도성 밖에 지귀(志鬼)라는 사람이 살았는데 여왕을 사모하다가 그만 상사병이 극에 달해 미쳐 버렸다. 어느 날 여왕이 불공을 드리러 행차하는 것을 보고 미쳐 날뛰며 길을 막다가 사람들에게 붙들리게 되었는데, 여왕의 배려로 여왕의 행차를 뒤따르게 허락이 되었다.

　여왕이 절에서 기도를 올리고 있는 동안 지귀(志鬼)는 탑 아래에서 기다리다가 지쳐서 잠이 들고 말았다. 기도를 다 마치고 절에서 나오던 여왕은 그 광경을 보고 너무나 가엾어서 금팔찌를 뽑아서 지귀의 가슴 위에 올려놓고 갔다. 한참 뒤 잠에서 깬 지귀는 가슴 위에 있는 여왕의 금팔찌를 보고서는 더욱 가슴이 타들어가 급기야 죽어서 화신(火神)이 되고 말았다.

　그렇게 지귀(志鬼)가 불귀신이 되어 온 세상에 떠돌아다니며 마구 불을 지르니 사람들은 화재가 두려워 마음 놓고 살 수가 없게 되었다.

　이를 알게 된 선덕여왕은 백성들에게 화신(火神)을 물리칠 주문을 지어 주어 대문에 붙이게 하였는데, 그 뒤로 백성들은 화재를 면하게 되었다고 한다.

물 구비

대한불교 조계종 제3교구 신흥사의 말사인 백담사는 한때 전두환 대통령 내외가 기거하면 더욱 세상에 알려지고 유명해졌다.

이 사찰은 원래 낭천(狼川: 지금의 화천) 땅에 비금사(比琴寺)라는 이름으로 있었는데, 그 근처에서 개나 돼지 등을 잡는 살생을 하는 곳으로 인해 주변 환경이 너무 어지러웠다. 때문에 조용히 정신수행을 하는 데나 불도(佛道)를 닦는 데 어긋난 일들이 자꾸 일어나게 되자, 이 절을 북면 한계리로 옮겨서 한계사(寒溪寺)라고 칭하였다. 그 뒤에 지금의 자리로 다시 옮겨 백담사라 하게 되었다.

물이 굽이치는 곳을 찾아 절터를 잡고

1) 물굽이를 세어 보고 지은 절

백담사(百潭寺)의 모체인 비금사(比琴寺)를 한계사(寒溪寺)로 옮길 때 절의 많은 기물을 옮기느라 더러 실수가 있었다.

옮기는 도중에 그만 청동화로와 절구를 떨어뜨렸는데, 춘천군(春川郡)의 '절구골'은 그때 절을 옮기다 절구를 떨어뜨린 곳이며, 한계리 부근 청동곡(靑銅谷)은 청동화로를 떨어뜨린 곳이라 한다.

한계리로 절을 옮긴 뒤에는 주변에 살상을 하는 곳은 없어 수도(修道)하기에 좋기는 했지만 늘 조심을 하는데도 다섯 차례나 크고 작은 화재를 입어 주지스님 걱정이 이만저만이 아니었다.

그런데 하루는 주지스님 꿈에 긴 지팡이를 짚은 백발노인이 나타나서 "청봉에서 절까지 물굽이(潭) 수를 세어 보고, 100번째 굽이치는 곳에 절을 지으면 앞으로 화재가 없을 것이고 절이 번성할 것이다."라고 일러 주었다.

이튿날 날이 새자마자 주지스님은 청봉에서 아래로 하나하나 물굽이를 세어서 100개가 되는 곳에 터를 잡고, 그곳에 절을 지었다. 거기에 절을 짓고 나서는 과연 화재가 일어나지 않았다고 한다.

그곳이 바로 지금 백담사가 있는 자리이며, 물이 100번 감돌았다는 뜻으로 절 이름도 백담사(百潭寺)라 하게 되었다.

51 / 백양이 설법을 들은
백양사(白羊寺)

소재지_ 전라남도 장성군 북하면 약수리
백암산(白巖山)에 있는 절

백양사(白羊寺)

내장산 국립공원 안에 포함되어 있는 이 절은 내장산이 아닌 울창한 백암산 자락에 위치하고 있다. 백양사를 찾는 사람은 우선 절 경내에 들어서기 전에 아름드리 비자나무 숲에 놀랄 것이다. 나무에 대해 조금이라도 상식이 있는 사람이라면 비자나무가 얼마나 더디 크는 나무인지 알 텐데, 그런 눈으로 본다면 백양사의 비자나무 숲의 수령이 몇 백 년인지 그저 감탄할 따름일 것이다.

경내에 들어서면 대웅전 바로 뒤에 깎아지른 듯 큰 봉우리가 절을 안고 있듯이 굽어보고 있어, 산과 절이 한데 어울려 비길 데 없이 거룩한 불세계(佛世界)를 이루고 있다.

특별히 백양사는 관광객이 많이 모이지 않는 비수기에 찾는 것이 더 바람직하다. 절 입구에 세워져 있는 돌 비석에 쓰인

'이뭐꼬?' 하는 말의 뜻을 음미하면서, 나는 어디서 왔으며, 지금 어디에 있으며, 장차 나는 어디로 가는 것일까? 그리고 나는 누구일까? 하는 생각을 조용한 명상 속에 생각해 보며, 백양사를 돌아보면 백양사를 찾은 보람이 더욱 있을 것이다.

백양사의 아름다움은 우리들뿐만 아니고 고려 말의 대학자 목은 이색 선생도 이곳을 찾아 아름다운 경치에 취해 남긴 글이 지금도 전하고 있다.

1) 백양(白羊)이 설법을 들은 곳

백양사(白羊寺)는 원래 백암사 혹은 정토사라고 불리던 절이었다. 그런데 조선 숙종 때 환양선사(喚羊禪師)가 이 절에서 큰 설법을 하게 되었는데, 선사의 설법을 들으러 많은 사람들이 모여들었다.

선사는 심오한 아미타경(阿彌陀經)의 내용을 유려하면서도 쉽게 풀이해서 누구라도 이해할 수 있도록 설법을 하니 듣는 사람들의 마음에 환희심이 생기고 거룩한 부처님의 참가르침이 가슴 깊은 데까지를 두드렸다.

설법은 밤낮 동안 7일이 계속되었는데, 그 7일 동안 산에서 백양(白羊) 한 마리가 내려와 선사의 설법을 열심히 듣고 있었다. 어떤 사람이 경내에 들어온 백양을 쫓아 버리려 하자, 선사께서 모든 미물이나 초목까지도 다 부처님의 말씀을 들을 권리가 있으니 그냥 두라고 말하여, 백양(白羊)은 자유롭게 선사의

백양사의 대웅전

설법을 끝까지 다 들을 수가 있었다.

설법이 끝나자 양은 눈물을 흘리며, 선사에게 절을 하고는 산으로 올라가 버렸다. 그날 밤 대사의 꿈에 설법을 듣던 그 양이 나타나, 자신은 원래 하늘나라에 살던 신(神)이었으며, 하늘나라에서 죄를 지어, 그 죄(罪)로 양이 되어 땅 위로 추방되었는데 선사(禪師)의 설법을 듣고 죄를 용서받아 다시 천국으로 환생하여 가게 되었다고 절을 하였다.

이튿날 아침 대사가 문을 열고 보니 영천암 아래에 흰 양이 한 마리 죽어 있었다.

그 이후 절 이름을 백양사(白羊寺)라고 고쳐 불렀다고 한다.

52

보림사(寶林寺)
청룡

청룡

신라 선문구산(禪門九山) 가운데 제일 먼저 개산(開山)한 가지산파(迦智山派)의 중심 사찰이었으며, 현재는 대한불교조계종 제21교구 본사인 송광사의 말사이다. 이 절은 체징(體澄)이 860년에 창건하였고 그 뒤 여러 차례의 중창과 중수를 거쳐 오다가 6·25 때 소실되기 전까지 20여 동의 전각을 갖춘 큰 절이었으나, 대웅전을 비롯해서 대부분의 건물들이 불타 버리고, 옛 건물은 천왕문(天王門)·사천왕(四天王)·외호문(外護門)만이 남아 있다.

그러나 부도(浮屠)와 석탑(石塔)은 타지 않아 많은 문화재가 있다.

보림사 비로자나불

1) 연못을 메워 절터를 잡은 보림사(寶林寺)

보림사(寶林寺)의 절터는 원래 물이 깊은 못이었다는데, 신라의 명승 지눌(知訥)이 절을 짓기 위해 전국을 돌아다니며 좋은 터를 찾던 중 이곳 가지산(迦智山) 가에 도달해 살펴보니, 지금의 절터가 풍수지리적(風水地理的)으로 나무랄 데 없이 좋은 터였으나 불행하게도 물이 가득한 못이었다.

지눌은 그 못을 메우고 거기 절을 짓기 위해, 사람들에게 조금 미안하지만 도술을 부려 여러 사람에게 눈병을 앓게 한 뒤, 그 치료방법으로 누구든지 눈에 병이 있는 사람은 장흥 가지산 아래 연못에 돌 한 덩이와 숯 한 덩이를 던져 넣으면 눈병이 낫는다는 소문을 퍼뜨렸다.

그러자 눈병을 앓는 사람들이 다투어 못을 찾아가서 돌과 숯을 던져 넣어 얼마 뒤 연못은 편편하게 메워졌다.

이렇게 해서 못이 메워지자 그 안에 살고 있던 뱀·이무기들이 모두 밖으로 나가 어디론가 사라져 버렸다. 그러나 청룡(靑龍)과 황룡(黃龍)만은 끝까지 나가지 않고 그 터에 버티고 있으므로 지눌(知訥)이 지팡이로 쳐서 쫓아냈다.

못에서 쫓겨난 두 용은 그곳 용소(龍沼)에 이르러 서로 승천(昇天)하려고 싸움을 벌이다가 청룡(靑龍)이 날째게 꼬리를 치는 바람에 그 꼬리에 맞아 산기슭이 도막 나면서 패어 용소가 생겨났다.

결국 청룡(靑龍)은 싸움에 이겨 승천(昇天)했으나 황룡(黃龍)

은 피를 흘리며 돌아다니다가 죽고 말았는데, 이때 넘은 고개가 현재 장흥의 '피재'이고 죽은 자리가 장평면 청룡리라 한다.

그리고 용소가 위치한 마을 이름은 용문동(龍門洞)이라 하며, 늑룡(勒龍)이라는 마을이 그 이웃에 있고, 부산면과 장평면의 경계에는 용두봉(龍頭峰)이 있다.

53

망덕사(望德寺)에 나타난 석가(釋迦)

소재지_ 옛날 경주에 있었던 절로 지금은 폐사가 되어 존재하지 않음

1) 석가(釋迦)의 진신(眞身)을 만난 효성왕(孝成王)

신라 제34대 효성왕(孝成王)은 처음 왕위에 오르자 국태민안을 바라는 마음으로 서라벌에 망덕사(望德寺)를 세우고, 절이 완성되자 크게 낙성법회를 열어 친히 그곳에 가서 법회에 참석을 하였다.

왕은 여러 신하와 신라의 진골, 화랑, 원화의 호위를 받으며 절로 들어가려 하는데, 그때 한 누추한 모습의 비구승(比丘僧)이 소나무 밑에 몸을 움츠리고 왕을 향하여 말을 하였다.

"소승도 또한 이 법회에 참석하고자 하오니 함께 데려가 주시기 바랍니다."

왕은 그 말을 듣고 그에게 말석(末席)에 참여 할 것을 허락했다.

"그대는 어디 사는 중인가?" 왕이 물었다.

"비파암(琵琶庵)에 살고 있습니다." 중이 대답했다.

"그럼 법회가 끝나고 돌아가거든 다른 사람들에게 국왕을 친히 보았다고 말하지 말라."

그러자 중이 웃으면서 대답했다.

"폐하도 또한 다른 사람에게 진신(眞身) 석가(釋迦)를 만났다고 말하지 마십시오."

그는 말을 마치자 몸을 솟구쳐 구름 위 하늘로 날아올라 남쪽을 향하여 가 버렸다. 왕은 놀랍고 부끄러워 남산 위로 달려 올라가 그가 간 방향을 향하여 멀리서 절하고 신하들로 하여금 속히 가서 찾게 했다.

그를 찾아간 사람들이 남산 삼성곡(參星谷)이라고 하는 곳에 가 보니 바위 위에 지팡이와 바리때를 놓아두고 숨어 버려 그 중의 모습은 찾을 수가 없었다.

사자가 지팡이와 바리때를 갖고 와서 복명하니, 왕은 석가(釋迦)의 진신(眞身)을 만나고도 알아보지 못한 것을 한없이 아쉬워하면서, 그 마음을 달래기 위해 비파암(琵琶庵) 아래에 석가사(釋迦寺)를 세우고, 또 그의 자취가 없어진 곳에 불무사(佛無寺)를 세워 지팡이와 바리때를 두 절에 나누어 두게 하였다.

2) 죽었다가 살아난 선율(禪律) 스님

망덕사의 불심이 깊은 스님 선율은 보시 받은 돈으로 반야경을 600부 만들어 부처님의 말씀을 널리 펴 나가려 했는데, 그

망덕사터 당간지주

일을 다 완성하기도 전에 그만 수명이 다하여 염라국의 사자에
게 잡혀 명부에 가게 되었다.

염라대왕이 물었다.
"너는 세상에서 무슨 일을 하다가 왔느냐?"
"저는 승려로서 불도를 닦다가 말년에 대품반야경(大品般若
經)을 출간하려 했는데 그 일을 다 마무리 하지 못하고 잡혀 왔
습니다."
명관이 지옥의 명부를 펼쳐 보고 "네 수명은 이미 다 되어 끝
이 났으나, 네가 하려는 좋은 일을 마치지 못하였으니 다시 인
간 세상으로 돌아가서 불전(佛典)을 완성시켜라." 하였다.

선율이 염라국을 등지고 돌아오는데 앞에 큰 강이 있었다.
강을 건너려 물에 들어갔다가 그만 물에 빠져 허우적거리는데,
그 때 다시 살아났다.
그러나 인간 세상에서는 이미 선율이 죽은 지 10일이나 되어
남산 동쪽 기슭에 장사 지내고 묻어 버려 무덤 속에서 3일이나
"사람 살려 주세요!" 하고 소리를 질렀다.
3일 만에 나무꾼들이 묘 곁을 지나다가 어디선가 "사람 살려
주세요!" 하는 가느다란 소리를 듣고, 이상하게 생각해서 곧
절로 달려가서 스님에게 알리니 절 스님들이 와서 무덤 속에서
나는 소리를 듣고, 그 무덤을 헤치고 그를 꺼내었다.
선율은 그간 자기가 겪은 이야기를 사람들에게 하니, 이 말
을 들은 사람들은 모두 놀라고 감동해 마지않았으며 600부 대

반야경을 이룩하는 데 앞을 다투어 시주를 하여 결국 대품반야경(大品般若經) 600부가 간행되게 되었다고 한다.

{ **소재지_** 경남 밀양시 내일동

법조선사

무봉사(舞鳳寺)는 신라 36대 혜공왕 9년(불기 1317년)에 창건되었다. 법조선사(法照禪師)께서 영남사(지금의 영남루)에 주석하던 중 하루는 하늘에서 큰 봉황새가 춤을 추며 이 절터에 내려앉는 것을 보았는데 많은 사람들이 이는 기쁜 일이 있을 징조라고 좋아하며 선사를 더욱 잘 받들어 모시었다.

그때 마침 혜공왕이 영남사에 참배하러 왔다가 선사의 심오한 법문을 듣고 발심(發心)하여 그 자신을 깨우쳐 준 은혜를 갚고자 영남사 옆에 암자를 지어 무봉암(舞峰庵)이라고 하였다 한다.

강 언덕 위에 있는 이 절은 앞에 흐르는 밀양강과 가까이 있는 영남루와 서로 조화를 잘 이루어 전체가 한 폭의 잘 짜인 그림 같은 풍경을 지닌 운치 있는 사찰이다. 예로부터 시인 묵객들이 많이 찾아와 풍류를 즐겼는데 그 흔적은 지금까지도 그들이 지어서 남긴 시문(詩文) 속에 남아 있다.

도도히 흐르는 밀양강에 비치는 낙조를 바라보며 절에서 들리는 독경 소리를 들으면 아무리 무딘 사람이라도 아름다운 자연에 매료될 것이며, 산란했던 마음도 차분히 제자리를 찾게 되리라.

1) 법조선사와 아기의 왼손

신라 혜공왕 때 법조(法照)라는 한 도승이 있었다. 그가 밀양(密陽) 무봉사(舞鳳寺)를 지을 때, 하루는 밤중에 급해서 뒷간을 갔더니 커다란 호랑이 한 마리가 뒷간 앞에 누워있었다. 선사는 할 수 없이 호랑이를 피해 다른 곳에 가서 용무를 마쳤다.

그런데 이튿날 선사가 있는 방 앞에까지 호랑이가 다가왔다. 미물 짐승이 수도하는 곳까지 찾아와서 방해를 놓는 것이 못마땅해서 옆에 있던 지팡이로 호랑이의 이마를 내리쳐 버렸다.

그랬더니 호랑이의 이마에서 흰나비 한 마리가 날아 나오고 호랑이는 연기처럼 사라져 버렸다. 선사는 하도 신기해서 그 흰나비를 따라나섰다. 흰나비는 선사가 따라올 만큼 이리저리 날며 앞장을 서 가더니 산 아래에 있는 어떤 집으로 들어갔다.

선사가 그 집을 찾아갔더니 집 안에는 어린 아이가 놀고 있는데 참 총명하게 생겼으나 열 살을 못 넘기고 죽을 단명(短命)의 어두운 그림자가 그 얼굴에 나타나 있었다.

무봉사의 법당

선사는 한참 생각하다가, 이는 호랑이의 혼이 자기에게 이 아기를 살리라는 뜻이라고 생각하고 주인을 만나 호랑이의 혼이 자기를 이 집까지 인도한 일과, 아기의 짧은 수명을 이야기하였다. 그리고 이 아기를 살리기 위해서는 자기가 절에 데리고 가서 부처님 곁에서 키우면 단명을 면할 수 있다고 말을 하였다.

사랑하는 아들을 내 주기 싫었지만 열 살을 못 넘긴다는 말에 부모들은 허락을 하고, 아기는 선사를 따라 절로 갔다.

선사를 따라간 아이는 절에서 글공부도 하고 무예도 열심히 닦았는데 이 아이는 매우 총명할 뿐 아니라 용맹이 뛰어나 어릴 때부터 보통 아이들과는 매우 달랐다. 선사는 아이의 행동을 늘 유심히 보았는데 다른 사람이 보는 앞에서는 반드시 왼손을 꼭 쥐고 펴는 일이 없는 버릇이 있었다. 왼손을 펴지 않는 버릇은 밖에 나가 놀 때나, 공부할 때나 무예를 할 때나 항상 마찬가지였다.

어느 날 밤 아이가 깊이 잠든 틈에 선사는 아이의 왼손 주먹을 살짝 펴 보았는데 펴 보는 순간 그만 깜짝 놀라 기겁을 하였다. 아이의 손금에 임금 왕(王)자의 글자 무늬가 너무도 생생하게 나타나 있었던 것이다.

선사가 놀라 멍하니 앉아 있는데 아이가 자기 주먹을 펴 본 것을 알고 벌떡 일어나 앉으며 절간이 떠나갈 듯 큰 소리로 호령을 하였다.

"에잇! 요망한 중놈아!" 하고 소리를 지르는 동시에 아이의 왼손 바닥이 선사의 따귀를 때렸다. 그리고 "내가 지금까지 감추고 있던 비밀을 어느새 네놈이 알았구나. 이제는 어쩔 수가 없구나. 내가 이곳을 떠날 수밖에!" 하며 절을 나가 어디론가 종적을 감춰버렸다.

그리고 이 아이는 중국으로 가 천자(天子)가 되었다 하며, 천자가 된 아이는 그래도 자기를 길러 주고, 수명을 연장해 준 선사에게 보답하는 뜻으로 절을 짓는 데 도움이 되도록 많은 돈을 시주하여 무봉사(舞鳳寺)를 잘 지을 수 있었다고 한다.

돛대 당간지주

돛대 당간지주

국보 제41호로 지정된 이 당간지주는 청주 시내에 위치하고 있으며, 전국에서도 몇 개 되지 않는 귀한 문화재이다.

당간지주 옆에 있었으리라고 추정되는 그 옛날의 용두사(龍頭寺)는 지금은 찾아볼 수 없고 당간지주만 남아 있다.

청주는 예로부터 홍수에 의한 재난으로 백성들의 피해가 많았는데 어느 점술가가 말하기를 "큰 돛대를 시내에 세워 놓으면 청주 지역이 배의 형상이 되어 홍수가 나도 배가 물위를 떠가니 재난을 면할 수 있어 재해가 없으리라." 하여 시내에 당간지주를 배의 돛대처럼 높게 만들었다고 한다.

높이 세운 용두사 당간지주

1) 재해를 막아 준 당간지주(幢竿支柱)

고려 초 청주 지방에 혜원(慧園)이란 스님이 있었는데, 청주 지방에 자주 홍수가 일어나 백성들이 고생하는 것을 보고 몹시 걱정이 되어 부처님께 도와 달라고 열심히 기도를 했다.

그러던 어느 날 꿈을 꾸니 꿈에 부처님이 나타나서 "청주는 배의 형국이니 배가 풍랑에 떠내려가지 않게 큰 돛대를 세우라."고 현몽을 하였다.

그러나 어디에 세우라는 말을 하지 않아 돛대를 세울 장소를 몰라 고심하였는데, 어느 날 초립동 과객이 절 앞뜰에서 "이 땅에 소금배가 들어올 텐데 돛대가 없구나."라고 중얼거리는 소리를 들었다. 이 말을 들은 혜원(惠園)은 급히 밖으로 나가 초립동에게 돛대 세울 위치를 물으니 "목암산(현 우암산)에 올라가 사해(四海)를 정관(靜觀)하면 알 텐데 묻기는 왜 물어!" 하고 더 이상 말도 않고 사라져 버렸다. 그리하여 혜원 스님이 목암산에 올라가서 지세를 살핀 지 열흘 만에 겨우 그 위치를 깨닫고는 산에서 내려와 용두사(龍頭寺) 경내에 철당간(鐵幢竿)을 세웠다.

당간지주를 세운 이후로는 홍수의 재해가 그치고 백성들이 편안하게 생업에 종사할 수가 있게 되었다고 한다.

심복사 부처님

심복사 부처님

나직한 언덕 위에 자리 잡은 이 아담한 심복사(深福寺)는 멀리 바닷가로 향을 잡아 바다와 인연이 있음을 상징하고 있다. 사찰의 규모는 작으나 잘 정돈된 경내에 들어서면 어쩐지 고향의 옛집을 찾은 듯 포근함을 느낀다.

절 뒤에 있는 산들은 그리 높지는 않으나 전형적인 좌청룡 우백호의 형국을 갖추고 있어서 여름에는 시원하고 겨울에는 북풍과 샛바람을 막아 주는데, 마치 암탉이 알을 품고 있듯 산세가 절을 감싸고 있다. 이 절에 성심으로 기도하면 마음의 평안을 얻어 깊은 부처님의 세계를 깨달을 수가 있다고 한다.

1) 그물에 걸려 온 부처님

옛날 파주 문산포에 천문을(千文乙)이라는 어부가 살고 있었다. 매일 바다에 나가 고기를 잡아 생계를 이어 가고 있었는데 하루는 아산만까지 고기를 잡으로 나갔다.

함께 간 어부들과 바다에 그물을 치고 한참을 기다렸다가 그물을 걷어 올리니, 기대했던 고기는 걸리지 않고 커다란 돌 하나가 그물에 걸려서 올라왔다.

크게 실망한 어부들은 돌을 바다에 던져 버렸다. 그리고 다시 그물을 바다에 드리웠는데 이번에도 고기는 잡히지 않고, 앞에 버린 돌이 다시 걸려서 올라왔다.

어부들의 실망은 이만저만이 아니었다. 재수 없는 돌을 다시 바다에 던지려는 순간 천문을이 돌을 들고 자세히 살펴보았더니 그 돌은 그냥 막돌이 아니고 분명 돌부처님 같았다.

어부들은 고기가 잡히지 않아도 자기 배에 돌부처님이 올라온 것을 기뻐하며 그날은 고기를 잡는 것을 그만두고 부처님을 모시고 집으로 돌아갔다.

다음 날 부처님을 모시려고 근처 광덕산 인근에 편히 모실 장소를 찾기 위하여 돌부처를 업고 산을 오르는데 신기하게도 그렇게 커다란 돌부처가 전혀 무겁지 않고 어린 아기 하나 업은 것 보다 더 가벼웠다.

모두들 이상하게 생각하며 한 사람씩 교대로 부처님을 등에 업고 산길을 올라가며 어디 좋은 장소가 없나 하고 살피는데,

심복사 비로자나불

마침 광덕산(廣德山)을 휘감아 도는 펀펀한 넓은 공간이 있는
지점에 다다랐다.

가파른 산을 오르느라 힘도 들었고 땀도 많이 흘렸으므로 잠
시 쉬어 가려고 부처님을 땅에 내려놓고 사람들은 나무 그늘에
서 땀을 식혔다. 잠시 휴식을 마치고 다시 가려고 부처님을 업
으니 지금까지 아주 가벼웠던 부처님이 얼마나 무거운지 들 수
도 없고 꼼짝도 하지 않았다.

지금까지 그렇게 가볍던 부처님이 갑자기 들 수도 없이 무거
워 진 것이 참으로 이상하였다.

사공들은 부처님이 움직이지 않자 그곳이 부처님을 모셔야 할
자리라고 생각하고 부처님을 거기 모셔 두고 산을 내려왔다.

그리고 천문을(千文乙)은 부처님을 모시자면 당연히 비바람
을 피할 법당이 있어야 하는데 가난한 몸으로 어떻게 불사를
할까 걱정이 이만저만이 아니었다.

걱정을 하다가 늦게야 잠이 들었다. 그날 밤 천문을(千文乙)
은 꿈에서 부처님을 만났다. 부처님이 말씀하시기를 "법당을
지을 걱정은 하지 말라. 내일 날이 밝은 다음 바닷가에 나가 보
면, 난파된 배가 있을 것이니 그 배에 실린 재목을 써서 건물을
짓도록 하고, 또한 바닷가에는 검은 소가 있을 테니 그 소를 끌
어다가 법당을 짓는 데 쓰도록 하여라." 하신다.

어부는 날이 밝자마자 바닷가로 달려갔다. 그곳에는 과연 부
처님의 말씀대로 난파된 배와 그 잔해들이 여기저기 흩어져 있

었고 멀리 검은 소 세 마리가 한가하게 풀을 뜯고 있었다. 부처님의 신통력에 무한히 감사를 드리며 그 재목을 소에 싣고 가서 불사를 하고, 법당이 완성되자 바다에서 건진 부처님을 모셨다. 이 절이 지금의 심복사(深福寺)라고 한다.

57 소가 누운 곳에 지은
미황사(美黃寺)

소재지_ 전라남도 해남군 송지면
서정리 달마산(達磨山)에 있는 절

미황사(美黃寺)

해남의 미황사(美黃寺)를 가본 적이 있는 사람이라면 누구에게라도 자신 있게 꼭 한번 가볼 만한 곳이라고 권하는 아름다운 절이다.

절은 단순히 사찰 경내의 건물로만 이루어지는 것은 아니다. 절을 감싸고 있는 주변 산세와, 절에서 바라보이는 전망 등이 모두 하나로 어울려 성스러운 사찰이 이루어지는 것이기 때문에, 절을 지을 때 절터를 힘들여 고르는 까닭이 거기에 있다.

미황사는 바로 그런 점을 감안하여, 달마산(達磨山) 기암을 배경으로, 눈앞에 펼쳐진 푸른 남해의 파도를 안고 있어서, 이 절을 찾는 사람은 차마 발길을 돌리기 어렵게 한다.

1) 석선(石船)을 타고 온 무리들

신라 경덕왕 8년(749)에 석선(石船) 한 척이 달마산 아래 사자포구에 와 닿았다고 한다. 배 안에서 하늘나라의 아름다운 음악소리가 들려 사람들이 구경하러 가면 배는 멀리 가버려 배 안을 볼 수가 없었다.

이에 의조화상이 목욕재계하고 배가 보이는 먼 해변에서 성심으로 기도를 올렸더니 석선이 천천히 해안으로 다가와서 이조화상 앞에 섰다.

화상(和尙)이 안을 살펴보니 노를 잡은 사람은 금으로 만든 형상이었고 그 옆에는 화엄경 80권과 법화경 7권, 비로자나ㆍ문수보살 및 40성중(聖衆), 16나한과 탱화 등이 있고 금환(金環)과 흑석(黑石)이 각 한 개씩 있었다.

향도들이 그 모든 것을 잘 모서 해안에 내려놓고 부처님 봉안할 장소를 찾지 못해 고심할 때, 배에서 내려놓은 흑석(黑石)이 저절로 벌어지며 그 안에서 작은 검은 소 한 마리가 나타나더니 문득 큰 소가 되었다.

모두들 돌 속에서 나온 신기한 소를 구경하고 있을 때, 의조화상이 염불을 하다가 염불삼매(念佛三昧)에 들어 꿈을 꾸었는데, 몸에 금빛 광채가 나는 한 사람이 화상을 보고 말하기를 "나는 본래 우전국(인도) 왕으로서 여러 나라를 두루 다니며 불상을 모실 장소를 찾고 있는데, 이곳에 이르러 산을 바라보니 1만불(一萬佛)이 나타나므로 여기에 온 것이다. 소에 경(經)

을 싣고 가다가 소가 누워 일어나지 않는 곳에 경(經)과 불상
(佛像)을 봉안하라."고 하였다.

　깜짝 놀라 깬 의조화상이 대중들과 함께 소 등에 경과 불상
을 싣고 산을 올라가는데 소가 가다 처음에 누운 자리에 세운
절이 통교사요, 다시 일어나 산을 오르다 마침내 소가 큰 소리
로 울며 땅에 누워 다시 일어나지 않은 곳에 지은 절이 바로 미
황사(美黃寺)였다.
　미황사(美黃寺)는 '아름다운 누런 소가 누운 곳에 지은 절'
이라는 뜻으로 지은 이름이라고 한다. 그리고 그 소를 묻은 마
을을 우분리(牛墳里)라고 이름을 지었다 한다.

피어오른 연기처럼 마음에 불성도 피어오르리.

58 龍泉寺(용천사)의 독룡(毒龍)

독룡(毒龍)

대한불교 조계종 제18교구 본사인 백양사의 말사인 이 절은 백제 무왕 때 행은(幸恩)이 창건하였다고 한다.

항상 맑은 물이 샘 솟는 용천(龍泉)이라는 절 이름은 현재 대웅전 층계 밑에 있는 사방 1, 2m 가량의 샘에서 유래되었다고 한다. 이 샘은 그 깊이가 한없이 깊어 서해(西海)로 통하는데 그 샘에 용이 살다가 승천하였다고 하여 절 이름을 용천사라 했다 한다.

1) 늙은 스님의 지혜

모악산 중턱에 커다란 용소(龍沼)가 있는데 나무를 하러 산에 올라가는 사람이나, 산길을 넘어 멀리 길을 가는 사람들을

용천사 법당

늘 이 용소(龍沼) 안에 있는 나쁜 독룡(毒龍)이 해를 끼쳤다.

그리하여 사람들은 겁을 먹고 이 산에 가기가 무서워 산신령에게 피해가 생기지 않게 해달라고 열심히 기도를 했지만 사정은 조금도 나아지지 않았다.

그러던 중 한 날 어떤 늙은 중이 사람들의 어려운 사정을 들

고 마을에 와서 용소를 돌과 숯으로 다 메우고 그곳에 절을 하
나 세우면 모든 재앙은 다 없어진다고 하였다.

　그리하여 사람들은 이웃 마을 사람들과도 의논해서 돌과 숯
을 용소에 던져 소를 메우고, 그 자리에 목침을 벽돌 삼아 절을
세웠다.

　소를 메우고 절을 짓자 독룡(毒龍)들은 모두 소를 떠나 그 뒤
로는 재난이 없어졌는데 이 절이 용천사(龍泉寺)이다.

　또 용천사 앞 샘에다 명주실 꾸러미를 넣으면 칠산 앞바다로
나온다고도 한다.

59 김현(金現)과 호원사(虎願寺) 처녀

소재지_ 경상북도 경주시 황성동에 있었던 신라 고찰로 지금은 절터로 추정되는 곳에 쌍탑지와 초석이 남아서 흩어져 있다.

호원사(虎願寺) 처녀

신라 원성왕 때에는 불교가 꽃을 피워 매년 2월이 되면 8일부터 15일까지 8일 동안 서라벌의 모든 남녀가 복을 빌기 위하여 흥륜사에 모여 탑(塔)을 도는 복회(福會)가 있었다.

이때 젊은 김현(金現)이 친구들과 함께 복회에 참석했다가 열심히 염불을 하며 자기를 따라 도는 한 처녀를 만났다. 한 번 돌고 열 번 돌고 백번을 돌아도 처녀는 그림자처럼 김현(金現)의 뒤만을 한결같이 따라 돈다.

다음 날도 또 그 다음 날도 김현(金現)의 뒤만을 따라 탑을 돌며, 복회(福會)가 열리는 8일 동안 하루도 거르지 않고 김현(金現)의 뒤를 따라 탑을 돌았다.

김현(金現)은 처음에는 별 관심 없이 무관심했지만, 나중에는 8일 동안이나 계속 자기를 따라 탑돌이 하는 처녀를 곁눈으로 살펴보니, 달빛 아래서도 너무나 잘생겨 마치 선녀같이 아름다웠다.

김현(金現)은 처녀의 손을 잡았다. 뿌리치지 않는다.

두 사람은 서로 말을 하지 않았지만 마음속에 사랑의 씨앗이 싹트기 시작하여, 밤이면 밤마다 오래도록 만나 깊은 정을 통하게 되었다.

아무리 물어도 집을 가르쳐 주지 않던 처녀가 어느 날 어머니에게 인사를 시켜 준다 하며 집으로 가자 했다. 김현(金現)은 처녀를 따라 남산 깊은 골짝에 있는 처녀의 집으로 가게 되었다.

처녀 어머니인 노파는 김현을 보더니, 반가워하며 여러 가지 맛이 있는 음식을 많이 내놓으며 김현을 환대하였다. 시간이 가는 줄도 모르고 재미있는 이야기도 많이 하였다. 그렇게 오래 처녀 집에서 놀다가 새벽이 가까워졌는데, 그제야 노파는 처녀의 오빠들인 삼호(三虎)가 오는 시간이라는 것을 알고 크게 당황하며, 그들이 오기 전에 김현(金現)을 돌려보내지 못한 것을 후회했다.

처녀의 오빠들인 삼호(三虎)가 돌아와서 해칠 것을 염려하여 김현을 황급히 삼호(三虎)가 모르는 곳에 숨겨 두라고 하였다. 그리고 얼마 지나 호랑이 세 마리가 나타나 사람 냄새를 맡고 이리저리 김현을 찾았다.

다급해진 처녀와 노파는 얼굴이 새파랗게 질렸다. 바로 이

때, 하늘에서 호랑이 4 남매가 너무 많은 사람의 생명을 해치므로 한 마리를 죽여 징계하겠다고 경고하였다. 이 말을 들은 삼호(三虎)가 자기들이 죽게 될까 매우 겁을 먹고 근심하자 처녀는 자기가 대신 하늘의 벌을 받겠다고 자진했다.

호랑이의 몸으로 사람과 정을 통하여, 정은 날로 깊어만 가는데 결국에는 이룰 수 없는 사람과 호랑이의 사랑을 슬퍼하던 처녀는 더 이상 이렇게 살기가 싫었던 것이었다. 그런 누이 호랑이의 마음도 모르고 삼호는 자기들이 죽지 않게 된 것을 좋아하며 모두 달아나 버렸다.

그러자 처녀가 김현을 불러서 말하기를 "나는 비록 그대와 같은 사람은 아니지만 이미 부부의 인연을 맺어 깊은 정이 들었습니다. 그러나 이런 인연은 더 오래 이어 갈 수가 없습니다. 그대와 함께 잘 살 수 없는 이 세상은 내게 아무런 의미가 없습니다. 그래서 이제 내가 집안의 재앙을 막기 위하여 대신 죽고자 하는데, 기왕 죽을 몸, 다른 사람의 손에 죽는 것보다는 그대의 칼에 죽어 지금까지의 사랑과 은덕에 보답하고자 합니다. 내일 내가 시장에 들어가 여러 사람에게 해를 끼치면, 대왕(大王)은 반드시 '난폭한 호랑이를 잡는 자에게 큰 상을 주리라.' 할 것이니 이때 낭군이 겁내지 말고 나를 쫓아오면 내가 그대 칼을 받고 순순히 잡히겠습니다."고 하며 눈물을 흘렸다.

김현은 처녀를 가슴에 꼭 안으며 자기로서는 절대로 그렇게 할 수 없다고 하였다. 처녀도 김현도 한없이 울었다. 그러나 처녀는 자기의 죽음은 천명(天命)으로 정해진 것이며, 자기 집안을 구하는 유일한 길이며, 또한 낭군에게 바치는 보은(報恩)과 사랑의 길이니 꼭 그렇게 하기를 바란다고 누누이 부탁을 한다. 그리고 자기가 죽은 뒤에 자기를 위해 절을 세우고 극락왕생 하도록 늘 불경을 읽어 줄 것을 부탁하였다. 김현(金現)이 눈물로 집에 돌아온 다음 날, 난폭한 호랑이를 잡는 데 성공한 그는 그 공으로 많은 상금과 벼슬에 올랐다. 그러나 그는 호녀(虎女)와 속삭였던 뜨거운 사랑을 날이 가도 잊을 수가 없었다.

　김현(金現)은 호랑이를 애도하기 위하여 절을 지어 호원사(虎願寺)라고 이름 하고, 항상 아침저녁으로 범망경(梵網經)을 읽어 호랑이의 명복을 빌어 주었다고 한다.

흥륜사(興輪寺)

소재지_ 경북 경주시 사정동 281

흥륜사(興輪寺)

흥륜사(興輪寺)는 고구려 승려 아도(阿道)가 불교를 전파하러 신라에 들어가서 지은 절로 신라 최초의 절이라 한다.

신라 미추왕 때 지었다고 하나, 정확한 창건 연대는 전하지 않으며 그 규모도 작고 검소하여 일반 민가 정도의 초가집으로 겨우 몇 사람이 모여 불법(佛法)을 강연하는 정도였다고 한다.

그러나 역사가 오래된 고찰이므로 흥륜사에 얽힌 고사도 많으며, 앞에 말한 「삼국유사」에 의하면, 불국사와 석굴암을 창건한 김대성이 전생에 밭을 보시한 절이 흥륜사이고, 김현(金現)이 호랑이와 인연을 맺었다는 절도 흥륜사(興輪寺)라고 기록되어 있다.

1) 보현이 나타난 흥륜사

신라 제54대 경명왕 때, 흥륜사의 남문과 좌우 건물이 모두 불타서 부처님을 편히 모실 수가 없게 되었다. 그러자 이를 걱정한 정화(靖和)와 단계(占繼) 두 스님이 시주(施主)를 모집하여 불이 탄 절을 수리할 계획을 세웠다.

그러나 시주가 뜻대로 잘 모집 되지 않아 두 스님은 할 수 없이 부처님에 의지하여 열심히 기도를 하며 절을 다시 짓도록 도와 달라고 간절히 빌었다.

마침내 제석천(帝釋天)이 절의 좌경루(左經樓)에 내려와 10여 일을 머물고 그 시종(侍從)도 함께 내려와 은은한 하늘나라의 풍악을 울리며 불탄 절 주변을 맴돌았다.

그러자 타지 않았던 절의 건물이며 탑, 그리고 절 경내의 초목(草木)과 흙, 작은 돌에서까지도 비길 바 없이 좋은 향기(香氣)가 풍겨 나고 오색구름이 절을 덮었으며, 남지(南池)에서는 어룡(魚龍)들이 기뻐 뛰놀았다.

이 소식을 들은 온 나라 사람들이 이를 보려고 몰려들어 좋은 냄새를 맡아 보고, 오색구름을 쳐다보며 감탄하였다. 그리고 비단과 보물이며 곡식을 자진하여 부처님 앞에 바쳤고, 장인(匠人)과 일꾼들이 자진하여 절의 복구공사를 맡아 불탄 절의 복구는 쉽게 빠른 시일 안에 이루어졌다.

제석천(帝釋天)이 환궁(還宮)하려 하자 두 승려가 간청하여 그의 진용(眞容)을 그려 은혜를 기리겠다고 진용을 나타내 보

여 달라고 하니, 제석천(帝釋天)은 보현보살(普賢菩薩)의 상
(像)을 그려서 걸고 공양(供養)하라는 말을 하고 홀연히 승천
(昇天)하고 말았다.

그때 그려서 건 것이 흥륜사의 보현상(普賢像)이라고 한다.

1판 1쇄	2008년 11월 30일
지 은 이	권영한
펴 낸 이	김철영
펴 낸 곳	전원문화사
주 소	157-033 서울시 강서구 등촌3동 684-1
	에이스 테크노타워 203호
전화/팩스	02_6735_2100~2 **팩스** 02_6735_2103
등록번호	1977년 5월 23일 제 6-23호

정가 13,000 원

잘못 만들어진 책은 바꾸어 드립니다.

Copyright © 2008, by Jeon-won Publishing Co.

이 책의 내용은 저작권법에 따라 보호받고 있습니다.

ISBN 978-89-333-0720-5   03220

편집 및 디자인 디자인클릭 ㅣ 02_2264_8710 ㅣ